历史穿越报

三国两晋南北朝卷

彭凡 著

化学工业出版社

·北京·

图书在版编目（CIP）数据

历史穿越报.三国两晋南北朝卷/彭凡著.—北京：化学工业出版社，2018.9（2024.6 重印）
ISBN 978-7-122-32677-5

Ⅰ.①历… Ⅱ.①彭… Ⅲ.①中国历史-三国时代-儿童读物②中国历史-魏晋南北朝时代-儿童读物 Ⅳ.①K209

中国版本图书馆CIP数据核字（2018）第159885号

责任编辑：刘亚琦 丁尚林 　　　　　　　装帧设计：尹琳琳
责任校对：王素芹

出版发行：化学工业出版社（北京市东城区青年湖南街 13 号 邮政编码 100011）
印　　装：天津裕同印刷有限公司
710mm×1000mm 1/16 印张 13½ 2024 年 6 月北京第 1 版第 11 次印刷

购书咨询：010-64518888 　　售后服务：010-64518899
网　　址：http://www.cip.com.cn
凡购买本书，如有缺损质量问题，本社销售中心负责调换。

定　　价：39.80 元

三国两晋南北朝帝王世系表

谥号	姓名	在位时间
三国·魏		
魏文帝	曹丕	220—227 年
魏明帝	曹叡	227—239 年
魏齐王	曹芳	240—254 年
魏高贵乡公	曹髦	254—260 年
魏元帝	曹奂 (huàn)	260—265 年
三国·蜀汉		
蜀昭烈帝	刘备	221—223 年
蜀后主	刘禅	223—263 年
三国·吴		
吴大帝	孙权	222—252 年
吴会稽王	孙亮	252—258 年
吴景帝	孙休	258—264 年
吴乌程侯	孙皓	264—280 年
西 晋		
晋武帝	司马炎	265—290 年
晋惠帝	司马衷	290—306 年
晋怀帝	司马炽	307—313 年
晋愍帝	司马邺 (yè)	313—317 年
东 晋		
晋元帝	司马睿	317—322 年
晋明帝	司马绍	322—325 年
晋成帝	司马衍	325—342 年
晋康帝	司马岳	343—344 年
晋穆帝	司马聃 (dān)	345—361 年
晋哀帝	司马丕	362—365 年
晋海西公	司马奕	366—371 年
晋简文帝	司马昱	371—372 年
晋孝武帝	司马曜	373—396 年
晋安帝	司马德宗	397—418 年
晋恭帝	司马德文	419—420 年
国名	**建国者**	**起讫时间**
汉（前赵）	刘渊	304—329 年
成汉	李雄	304—347 年

国名	建国者	起讫时间
前凉	张 寔 (shí)	317—376 年
后赵	石 勒	319—351 年
前燕	慕容皝 (huàng)	337—370 年
前秦	苻洪	350—394 年
后秦	姚苌	384—417 年
后燕	慕容垂	384—407 年
西秦	乞伏国仁	385—431 年
后凉	吕光	386—403 年
南凉	秃发乌孤	397—414 年
南燕	慕容德	398—410 年
西凉	李暠 (hào)	400—421 年
夏	赫连勃勃	407—431 年
北燕	冯跋	409—436 年
北凉	沮渠蒙逊	401—439 年
谥号	**姓名**	**在位时间**
南朝·宋		
宋武帝	刘 裕	420—422 年
宋少帝	刘义符	423—424 年
宋文帝	刘义隆	424—453 年
宋孝武帝	刘 骏	454—464 年
宋前废帝	刘子业	465 年
宋明帝	刘 彧 (yù)	465—472 年
宋后废帝	刘 昱 (yù)	473—477 年
宋顺帝	刘 准	477—479 年
南朝·齐		
齐高帝	萧道成	479—482 年
齐武帝	萧 赜 (zé)	483—493 年
齐鬱林王	萧昭业	494 年
齐海陵王	萧昭文	494 年
齐明帝	萧 鸾	494—498 年
齐东昏侯	萧宝卷	499—501 年
齐和帝	萧宝融	501—502 年
南朝·梁		
梁武帝	萧 衍	502—549 年
梁简文帝	萧 纲	550—551 年
梁元帝	萧 绎 (yì)	552—555 年
梁敬帝	萧方智	555—557 年

谥号	姓名	在位时间
南朝·陈		
陈武帝	陈霸先	557—559 年
陈文帝	陈蒨 (qiàn)	560—566 年
陈废帝	陈伯宗	567—568 年
陈宣帝	陈顼 (xū)	569—582 年
陈后主	陈叔宝	583—589 年
北朝·北魏		
魏道武帝	拓跋珪	386—409 年
魏明元帝	拓跋嗣	409—423 年
魏太武帝	拓跋焘	424—452 年
魏南安王	拓跋余	452 年
魏文成帝	拓跋濬 (jùn)	452—465 年
魏献文帝	拓跋弘	466—471 年
魏孝文帝	拓跋宏 (元宏)	471—499 年
魏宣武帝	元恪 (kè)	500—515 年
魏孝明帝	元诩 (xǔ)	516—528 年
魏孝庄帝	元子攸	528—530 年
魏长广王	元晔 (yè)	530—531 年
魏节闵帝	元恭	531 年
魏安定王	元朗	531 年
魏孝武帝	元脩	532—534 年
北朝·东魏		
魏孝静帝	元善见	534—550 年
北朝·西魏		
魏文帝	元宝炬	535—551 年
魏废帝	元钦	552—554 年
魏恭帝	元廓	554—556 年
北朝·北齐		
齐文宣帝	高洋	550—559 年
齐废帝	高殷	560 年
齐孝昭帝	高演	560—561 年
齐武成帝	高湛	561—565 年
齐后主	高纬	565—576 年
齐幼主	高恒	577 年
北朝·北周		
周孝闵帝	宇文觉	557 年
周明帝	宇文毓 (yù)	557—560 年
周武帝	宇文邕 (yōng)	561—578 年
周宣帝	宇文赟 (yūn)	579 年
周静帝	宇文阐 (chǎn)	579—581 年

前 言

　　一般的历史书，记录的都是过去的回忆。但是，我相信，人们更想亲自回到古代，看看古人的真实生活、历史的真实面貌。

　　如果回到过去，你会发现，那时的土地，就像现在的房子一样金贵；那时的人们渴望飞上蓝天，就像我们今天渴望到达宇宙边缘一样执着；那时的人们发明火药、指南针，就像现在我们发明了电脑一样伟大……

　　那时虽然没有电视，没有网络，但也有数不完、道不尽的新闻。那时的人和现在的我们一样，也要学习、工作和娱乐，也会七嘴八舌地讨论当时最流行的话题，疯狂地崇拜明星。

　　例如，当花木兰从战场上回来后，女扮男装成了一种时尚；

　　当岳飞被秦桧害死后，老百姓一边痛骂秦桧，一边怀疑岳飞的真正死因；

　　当朱元璋从一个放牛娃变成皇帝后，全天下的放牛娃都受到了鼓舞；

　　……

　　现在，你是不是迫不及待地想回到古代，在第一时间了解这些新闻呢？别急，我们已经派人穿越到过去，将你想知道的事情一一记录下来，刊登在《历史穿越报》上啦。

　　为了方便大家阅读，我们将《历史穿越报》做成了合订本，一共10本，每本12期，分别介绍了从夏朝到清朝十个阶段的历史。

我们的记者队伍非常庞大，他们分布在全国各地，将自己身边发生的新鲜事儿记录下来，寄到我们的编辑部。在这些记者中，有人喜欢记录重大事件，我们将这些稿件放在"天下风云"栏目；还有人喜欢搜集趣闻八卦，我们将这些稿件放在"八卦驿站"栏目。

　　《历史穿越报》还有一批非常勤奋的通讯员，每天穿梭在各大茶馆。不过，他们可不是去喝茶的哦，而是为了搜集百姓的心声，然后刊登在"百姓茶馆"栏目中。

　　我们还有一位大嘴记者，专门负责采访当时最杰出，或者最有争议的人物。他是一个非常大胆的家伙，就算是皇帝，他也要刁难一下，大人物对他的采访既期待又害怕。

　　此外，编辑们还选出了一部分读者来信和广告，刊登在报纸上。

　　总之，每一期报纸，既有精彩好看的新闻报道、另类幽默的名人访谈，又有轻松搞笑的卡通漫画、五花八门的宣传广告……翻开这本书，就如同亲身穿越神秘的上下五千年。

　　希望大家在读完这份报纸后，能更真切地了解中国五千年的历史，并能从中习得经验和教训，获得知识、勇气和快乐，让我们的穿越工夫没有白费。

目 录

第❸期　三国争霸

第❹期　司马家族的野心

第❺期　三国时代结束，晋朝统一天下

第❻期　三国人物特刊

第❼期　先明后暗的太康之治

第❽期　八王之乱闹哄哄

第❾期　五胡乱华

第❿期　东晋特刊

第⑪期 南朝特刊

第⑫期 北朝特刊

第 ① 期

〖公元 208 年〗

赤壁特刊

穿越必读▶

三国时期，是中国历史上一段著名的分裂时期。黄巾起义爆发后，朝廷广招天下英雄，从此，曹操、孙坚、刘备、张飞、关羽等英雄相继登场。自官渡之战大胜之后，曹操成了北方的实际统治者，与孙权、刘备等势力相峙而立。而在赤壁之战中，曹操被孙刘联军打败，退回北方，从此失去了在短时间内统一天下的机会。

三虎相争，谁能笑到最后

——来自全国各地的加密快报

这些年来，中华大地上一片混乱。东汉政权已经名存实亡，英雄齐齐登场，董卓、袁绍、曹操、刘备、孙权……今天你打我一拳，明天我还你一棒，天天混战，好不热闹。

现在是公元 208 年，自从曹操消灭袁绍势力之后，逐步统一北方。举目四望，现在天下只剩下孙权和刘备两路英雄可以与他抗衡了。孙权统领江东，拥有南方 5 个郡的领地，刘备却在不久前被曹操打败，从樊城一路南逃，现在惶惶如丧家之犬（刘备的"粉丝"息怒，记者是如实报道）。

来自全国各地的加密快报！

从目前形势来看，曹操占有绝对的优势，不仅拥有皇家精壮的兵马，还有皇帝在后面为他"撑腰"。不得不说，朝廷名义上是汉献帝的，实际上是"丞相"曹操的。

两虎相争，都必有一伤；如今三虎相争，谁死谁伤，谁又能笑到最后？

据记者报道，曹操目前已经向孙权下了战书，孙权将如何应对，记者将继续赶赴两军前线，将最新的战况向大家汇报。

我挺孙权，因为江东有长江天险，而且水军最强，完全可以阻挡曹操和刘备的进攻。再加上这里民心齐，官员忠，我相信孙权一定能笑到最后！

铁匠赵二两

我挺刘备，因为刘备是汉朝皇室的后裔，也只有他以恢复汉室为己任。身为大汉百姓，我真心盼望有朝一日，汉朝能恢复以往的繁荣。

茶馆小厮

我挺曹操，没别的原因，谁最强谁就是英雄！

某剑客

我谁也不挺，我就是一名普通小老百姓，只想战争早点儿结束，回家乡讨个老婆，生几个孩子，种几亩地，养几头猪，平平安安地过日子。

战争中的某流民

三顾茅庐，刘备得到个好帮手

公元199年，刘备逃离曹操后，到荆州刘表那里待了几年。刘表把刘备当作贵客一样招待，还给了他一些兵马，让他去新野驻守。但是，一个小小的新野，又怎么满足得了雄心勃勃的刘备呢？所以那几年，刘备一直过得很郁闷。

一天，有个叫徐庶的人跑过来投奔刘备，刘备发现这人才干不错，就高兴地把他留下来当军师。这让北边的曹操非常眼红，因为曹操也想得到徐庶。

后来，曹操把徐庶的母亲抓到许都，徐庶是一个孝子，听到这个消息后方寸大乱，向刘备告辞，去往曹操处。

当徐庶在刘备军营时，曾经跟刘备说："我有个老朋友叫诸葛亮，住在卧龙岗，人称'卧龙先生'，他的才华远在我之上。谁要是得到他，就一定能够平定天下。"

刘备听了，赶紧带着结义兄弟关羽和张飞，去诸葛亮住的

小茅屋拜访，谁知扑了个空。原来，诸葛亮刚好出去闲游了。刘备只好让书童转告诸葛亮，说下次再来。

几天后，刘备再次心急火燎地带着关羽和张飞，冒着大雪赶往诸葛亮的小茅屋。谁知就在前一天，诸葛亮被朋友邀走了。

转眼到了春天，刘备特意选了个好日子，第三次带着关羽和张飞，奔向诸葛亮住的小茅屋。这次诸葛亮倒是在家，可刘备等三人赶到的时候，他正在房间里睡午觉呢。

刘备让关羽和张飞在外面等，自己走进去站在台阶上。等了好半天，诸葛亮才打着呵欠，伸了个懒腰醒来了。刘备恭恭敬敬地走过去，向他讨教平定天下的办法。

诸葛亮说："现在，曹操在北边占着天时，孙权在南边占着地利，将军可以占人和。将军先拿下西川，与曹操、孙权呈三足鼎立之势，再联合孙权，讨伐曹操，到时候一定能得到天下人的拥护，成就一番功业，恢复汉室。"

听了这番话，刘备不禁对眼前的年轻人（当时诸葛亮才27岁）佩服得五体投地，于是诚恳地邀请他出山，帮助自己成就霸业。

诸葛亮被刘备的诚意打动，于是高高兴兴地答应了。

在诸葛亮的帮助下，刘备如鱼得水，势力也渐渐扩大起来。

请先生出山帮忙！

OK，没问题！

孙氏兄弟的发家史：
一个打天下，一个治天下

孙策是孙权的哥哥。他们的父亲孙坚骁勇善战，是和袁术一起讨伐董卓的战友，号称"江东猛虎"。

孙坚死后，他的兵马全部被袁术合并，孙策也不得不成了他的手下。这时的孙策，手里没一兵一卒，是个十足的穷光蛋。

眼看群雄纷起，割据天下，孙策也想创出自己的一番事业，可现实总是太无奈。有一次，孙策越想越伤心，竟忍不住号啕大哭起来。

这时，孙坚的一个旧部下走了过来，给他出了个主意。

孙策对袁术说："我父亲昔日从长沙北上讨伐董卓，在南阳和您相遇结盟，可惜他大业未成就先去世了。我家在江东有旧恩，我想向您借兵，去帮助舅舅征讨横江，平定之后，在本土招募兵士，大约能有三万人。那时我可以率领他们来帮您平定天下。"

袁术知道孙策的想法，但觉得他不会有什么作为，

我来帮忙！

于是上表朝廷封孙策折冲校尉，给了他一千多兵卒，数十匹战马。

孙策兴高采烈地带着父亲的旧将赵普、黄盖等人，一起回江东了。半路上又遇到了小时候的好朋友周瑜。周瑜这人不仅相貌英俊，而且才华过人。有了他的加入，孙策于公元195年把江东的6个郡打下来了，名声大振，人人都知道江东出了个"小霸王"。

公元200年，孙策英年早逝，临死时，他把印绶（象征东吴的统治权）交给了19岁的弟弟孙权，并对他说："打江山你可能不如我，但治理江山我不如你。我死后，你一定要好好守住江山啊。"

孙权在哥哥床前哭得死去活来，将军张昭劝住了他，让他立刻换上军装，巡视军营。在张昭和周瑜的帮助下，孙权把江东治理得井井有条。

后来，周瑜向孙权推荐了自己的好朋友鲁肃。鲁肃对孙权说："现在汉朝灭亡已经是大势所趋，曹操的势力过于强大，我们暂时还不能除掉他。不过我们拥有江东地区，已经占据了很大的地利。如果能打下荆州，那就锦上添花了。那样一来，曹操就好比是项羽，您就好比汉高祖刘邦啊！"

孙权听了，对未来的发展有了明确的定位。从此，他重用人才，励精图治，江东很快就人才济济，欣欣向荣。这些都为迎战曹操打下了坚实的基础。

诸葛亮舌战群儒

先生，好口才！

公元 208 年，曹操在统一了北方后，马不停蹄地领着 20 万大军，浩浩荡荡地朝江南奔来。

就在这时，刘表病死了，曹操很快就夺取了荆州，直扑向刘备。刘备被曹操打得节节后退，差点儿被曹军逮住，退到夏口的时候，诸葛亮说："现在情况危急，我们只能向孙权求救。"

于是，刘备派诸葛亮去联合孙权。孙权也不愿意把江东地区白白送人，爽快地答应与刘备结盟，还立刻召集部下，商讨怎么对付曹操。

就在这时，曹操下的战书到了，上面写着："我奉皇上的命令南征，已经准备了 80 万兵马（其实曹操在吹牛皮，他只有 20 万兵马），愿意与将军较量较量。"

孙权把这封信给部下传看，部下一个个脸色大变。尤其是那些文官，纷纷嚷着要投降。孙权听了心里很不是滋味，突然他想起诸葛亮，觉得他

口才还不错，就想利用他去说服那些文官。

官员们见诸葛亮只是个年轻的小伙子，都很瞧不起他。张昭故意问："你们家主公三顾茅庐把你请出来，本来指望你帮他恢复汉室，谁知你来了后，他连原来占有的几个城池也丢了，现在连个落脚的地方都没有，这是怎么回事？"

诸葛亮回答："我家主公之前占据新野，可新野只不过是个小地方，怎么能长期待在那里呢？我们虽然暂时打了败仗，但将来能够成就更大的功业。你们这些等闲之辈，又怎么会明白？"

又有人问："曹操有百万兵马，我倒想知道你怎么打赢这场仗？"

诸葛亮回答："曹操的百万大军不过是些乌合之众，并不可怕。我们势力单薄，暂时对付不了，但我们依然在奋力抵抗；可你们兵强马壮，却要向曹操投降，不是太丢脸了吗？"

还有人问："曹操已经占领了全国领土的三分之二，别人都想归顺他，我们与他对着干不是太傻了吗？"

诸葛亮勃然大怒说："你们这些人，喝着汉朝的水，吃着汉朝的饭，现在却要归顺'汉贼'曹操。忠孝仁义，你们忘得一干二净，我真替你们害臊！"

诸葛亮这番话将文官们说得面红耳赤，哑口无言。孙权趁机抽出佩刀，一刀下去，将案桌砍下一个角，说："谁再敢提投降，这桌子就是他的榜样！"

火烧赤壁

　　孙权和刘备正式结盟后，孙权就让都督周瑜领着3万水军，去协助刘备抵抗曹操。周瑜走到赤壁，遇到了曹军的前哨。双方打了一仗，曹军由于水土不服，吃了个败仗，被迫退到长江北岸。

　　曹操派使者蒋干过江，劝周瑜投降。周瑜看破蒋干的来意，并没有生气，而是宴请他，并带他参观了自己的军备仓库。周瑜告诉蒋干："大丈夫在世，最重视知遇之恩。即使是苏秦、张仪、郦生他们复生，也不可能动摇我的决心。"蒋干只好笑而不语，最终无功而返。

　　因为曹操的士兵大都是从北方来的，不会水战。船要是遇到风浪，他们就跟着左摇右晃，连站都站不稳，更别说打仗了。曹军于是想了个办法，把所有的船都用铁索连起来，这才稳当了些。

　　周瑜的部下黄盖知道后，就给周瑜出了个主意："曹操的兵马比咱们多得多，跟他耗下去，吃亏的肯定是咱们。趁现在曹军的船连在一起，我们点上一把火，把他们的船烧了，一定能打败他们。"

周瑜听了这个主意拍手叫好，接着就与黄盖商量怎么烧曹操的大船。

一切都准备好后，按照计划，周瑜使用苦肉计，找了个借口将黄盖狠狠地打了一顿，再让黄盖派人送了个假降书给曹操。曹操以为他们怕了，竟一点儿也没怀疑。

当天夜里，黄盖准备好几十只装着油料、干草的小船，以布遮掩，借着东南风，急速驶向曹操的连环大船。曹军以为黄盖真的来降，一点儿都没防备，还竞相观看。

在小船将要到达曹操的水师大营时，黄盖将船上的油料全部点燃，然后换乘小舟逃离。着了火的船只借着风势，就像箭一般，冲向曹军大船。一时间，曹营火光冲天，军中大乱。曹军要么被烧死，要么被淹死，20万大军损失了大半。

孙刘联军趁着曹营大乱之际杀了过去，曹军大败。曹操率领着剩下的残兵仓皇地向北方逃走了。

诸葛亮激周瑜

人们传说，周瑜之所以那么坚定地要抗击曹操，是因为受了诸葛亮的骗。当时周瑜还摇摆不定，诸葛亮就故意对周瑜说："你要想向曹操投降，这也容易，派两个人去就行了。"

周瑜忙问："派哪两个人呢？"

诸葛亮说："大乔和小乔你知道吧，她们是江东乔公的两个女儿，据说俩人有着绝色美貌，很多人都想得到她们。"

大乔和小乔？周瑜能不知道嘛，大乔是孙策的老婆，小乔就是周瑜自己的老婆。诸葛亮当然也知道，所以他才故意这么说。

接着，诸葛亮开始胡编一气："这次曹操南下，不为别的，就为得到这两个美人。曹操专门为美人造了一座铜雀台，还让他儿子曹植写了一篇《铜雀台赋》。"

周瑜的脸色变得越来越难看，诸葛亮却火上浇油，背诵起《铜雀台赋》来："……揽二乔于东南兮，乐朝夕之与共……"意思是，将大乔和小乔掳来，每天和她们朝夕相处。其实，这只是诸葛亮即兴发挥的，曹植在《铜雀台赋》里根本就没写过这样的话。

周瑜却当真了，气得头顶直冒烟："曹操竟敢抢我老婆，我跟他拼了！"

于是，周瑜彻底断绝了投降曹操的念头。

不过，这只是民间传闻罢了，事实上，周都督可是早就下定决心，要和曹操一较高下了。

孙策为什么英年早逝

孙策死的时候只有 26 岁，英年早逝，实在是太可惜了。孙策为什么死得这么早呢？

原来，孙策这人特别好动。他一刻也坐不住，稍微有点儿时间，就跑到山上去打猎。一个部下跟他说："您不是普通人，要多多注意自己的人身安全，没事的时候最好不要到处乱跑。"

孙策觉得他说得有道理，当时答应得好好的，不过部下一走，他就将这话当做耳边风了。

这天，孙策带着一群人出去打猎。在一个山坡上，他看到一只健壮的鹿从不远处跑过。孙策大喜，一马当先追了上去，把手下人远远地甩在了后面。

追着追着，孙策就看到不远处站着三个人，手里都拿着弓箭。孙策好奇地问："你们是谁？"

那三个人一起回答："我们是韩当的手下。"韩当是孙策的手下，也就是说，这三个人是自己人。

不过孙策多了个心眼，

他曾见过韩当和他的手下，可没见过这三个人啊。这时，其中有一个人举起弓箭，要射向孙策。幸亏孙策反应快，抢先一箭把这人射死了。

　　另外两个人看了，也赶紧拈弓搭箭，瞄准孙策。孙策没有三头六臂，一下子没办法躲开，被射中了面颊。幸好这时，他的手下赶了过来，把这两个刺客杀掉了。

　　后来经过调查发现，这三个人是孙策仇家的家奴，这次是特意来行刺孙策的。

　　孙策回去后，大夫仔细检查了他脸上的伤口，说："伤口还好，不是很严重，只要躺下来休息一段时间就好了。"

　　孙策这人哪里静得下来啊，再加上军中有些紧急的事情等着他处理，他更是急躁得不得了。这天，他拿起一面铜镜，想看看自己脸上的伤势。看着看着，他就觉得很懊恼。毁容倒是小事，但一时大意，被几个家奴伤了，也太说不过去了。

　　"像我这样的人，难道还想建功立业吗？"孙策气恼地推了一下面前的桌子，结果伤口崩裂，血流不止。这下，连医生也没办法了。

　　就这样，一代青年才俊孙策，死在了小小的箭伤之下。

酒到底要不要禁

编辑老师：

你们好！

我叫孔融，是大汉的臣子。前不久，丞相（曹操）颁布了一个禁酒令，不准人们酿酒喝酒，说喝酒丧德，甚至能亡国。这话虽然有点儿道理，但也不能因此就不准人喝酒吧。

想想古代圣贤，爱喝酒的人多了去了，还留下了不少千古美谈。比如尧帝千盅醉，孔子百斛不倒等。可见酒并不见得只有坏处，关键还要看喝酒的是什么人。

再说，如果酒能亡国的话，那美人也能亡国，是不是顺便把美人也一起戒了呢？所以我猜，丞相禁酒根本就是不舍得酿酒的那点儿粮食。

孔融

孔大人：

您好！

收到您的来信，我们万分激动。因为很小的时候，我们就读过《孔融让梨》的故事，您一直是我们心中的偶像呢！

关于曹操颁布禁酒令这事儿，您猜得没错，曹操的确是为了节省粮食。现在动不动就打仗，没有粮食，拿什么来养兵呢？与能填饱肚子的粮食相比，酒不过是可有可无的东西。

所以，我们觉得曹操的做法还是没错的，希望您也能理解。

报社编辑

身份：新野太守（后为蜀汉皇帝）

大：大嘴记者　刘：刘备

大：玄德兄（刘备的字），您好。

刘：记者好，我是汉朝中山靖王刘胜的后代，论辈分，是当今皇上（汉献帝）的叔叔辈，所以大家都叫我刘皇叔。

大：皇叔好。您长得真是太有特色了，这耳朵，居然垂到了肩部；这手臂，居然能垂到膝盖……可能这就是天生异相？

刘（微笑）：你说是就是吧，没办法，长得就是这么与众不同。

大：对了，既然您是皇叔，那您一定从小身份尊贵，享尽荣华，怎么会想着出来打拼呢，这多苦啊。

刘：荣华富贵没有享受过，穷困潦倒倒是"享用"了不少。

大：这话怎讲？

刘：你有没有听过这句话，皇帝家也有三门穷亲戚，说的就是我们家。我很小的时候父亲就死了，我和母亲相依为命，靠给别人编草鞋过日子。

大：真没想到，皇叔竟然也有这么落魄的日子。那后来呢？

刘：后来，靠着族人帮忙，我读了一点儿书。不过，我这人不怎么爱读书，倒是喜欢结交朋友，尤其是侠肝义胆的英雄朋友。

大：比如说关羽、张飞,听说你们三个人的感情好得就像亲兄弟。

刘：错,亲兄弟也没有我们这么好。就是因为有这些兄弟的帮忙,我才有了今天的成就。

大：那您今后有什么打算呢?

刘：嗯,先接手荆州,再向益州发展,最后攻向中原。

大：我想知道,如果将来您打败了曹操和孙权,恢复汉室后,您会废掉皇上,自己当皇帝吗?

刘：记者你不要胡说八道,我从来没有想过自己当皇帝。到时候,我一定会忠心不二,辅佐皇上治理江山。

大：可到时候,您功高震主,估计皇上也容不下您啊。

刘：……

大：那时,摆在您面前的就只有三条路：第一,辅佐皇上,但最后被皇上杀掉；第二,归隐田园,但您的旧部对您依旧忠心耿耿,所以皇上多半还是会把您杀掉；第三,您跟皇上“商量商量”,让他把皇位让给您算了。

刘：……天色不早了,记者你还是早点回家吧。

大：好的,再见了刘皇叔。

出售上好椒酒

有这样一个说法，在正月初一这一天，和家人一起饮椒酒，可以健身强体，延年益寿。本店现有大量椒酒出售，均用上好的椒花浸泡而成，欢迎购买。

江东酒肆

江东公告

江东地区土地宽广，人口稀少，为了使江东有个更好的前景，我希望百姓们能够遵循以下两点：一是凡能当兵的人，就来当兵；二是凡能从事生产的人，就从事生产。让我们同心协力，一起打造一个更美好的江东。

孙权

为孔融澄清罪名

昨天，我国著名的大文学家、大忠臣孔融被曹操杀害了，罪名是"图谋不轨"等等。但是本报社经过查证，发现这只是曹操给孔融强加的罪名。因为孔融忠于汉室，屡次得罪曹操，这才招来杀身之祸。孔融实在是死得冤枉，希望天下人不要误解他。

《穿越报》报社

第②期

〖公元208年—公元220年〗

乱世争雄

赤壁之战后，为了争夺荆州，孙刘联盟出现裂痕。后来，刘备夺取益州，称汉中王；关羽在樊城大败魏军，声名远震。这时，孙权却和曹操联合起来，夹攻关羽，夺取荆州。孙刘联盟正式破裂。

穿越必读

刘备、孙权差点儿闹翻
——来自荆州的加密快报

　　赤壁之战一年后，曹操被赶出了荆州。接着问题来了，荆州的位置这么重要，该归谁管呢？为了这事，"两兄弟"差点儿闹翻了。

　　刘备认为，荆州原本是刘表的地盘，而他跟刘表是本家，刘表死后，荆州应该归他管。孙权却认为，是他把曹操从荆州赶走的，荆州应该归他管。因此，周瑜只把长江南岸的土地分给刘备，刘备心里很不满。

　　没过多久，周瑜病死了，在鲁肃的周旋下，孙权和刘备达成一致：荆州归孙权所有，不过可以暂时借给刘备。就这样，刘备有了块不小的地盘。

　　可是，借别人的地盘总不是长久之计啊，于是，刘备将目标瞄准了益州，因为益州土地肥沃，被人称作"天府之国"，而益州牧刘璋懦弱无能，要抢他的地盘，应该不算难事。

　　看来，一场大战又要开始了。

来自荆州的加密快报！

刘备成了汉中王

就在刘备打算进攻益州的时候，刘璋的两个谋士法正和张松觉得跟着刘璋没前途，也想把刘备接到益州来。张松对刘璋说："听说曹操就要来攻打汉中了，益州受到威胁。我们把刘备请来守汉中吧。"

刘璋稀里糊涂地答应了，派法正去荆州接刘备。法正一到荆州，就对刘备说："我们想请您去掌管益州，有张松做内应，拿下益州轻而易举。"

于是，刘备让诸葛亮、关羽守荆州，自己带着人马向益州进军了。这时，刘璋才发现法正和张松的阴谋，立刻将张松杀掉了，准备迎战刘备。

刘备一路打来非常顺利，不少益州将领纷纷向他投降，可打到雒（luò）城（今四川省广汉县北）的时候，却遭到了守城士兵的坚决抵抗。原来，守雒城的是刘璋的大儿子刘循，他守的是自家的地盘，当然比谁都拼命。

刘备在这里跟刘循耗了一年，连军师庞统都在战争中不幸中箭牺牲，

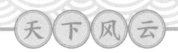

最后终于拿下了雒城，开始进攻成都。这时，诸葛亮也带兵从荆州赶过来会师，见此状刘璋只好投降。

公元 214 年，刘备如愿以偿地当上了益州牧。

可没过多久，孙权就派人要求他把荆州还回去，刘备当然不肯答应，俩人差点儿翻脸。这时，传来曹操进攻汉中的消息，俩人这才觉得曹操是他们最强大的敌人，就约定以湘水为界，把荆州一分为二，西边的土地归刘备，东边的土地归孙权。

荆州的问题解决后，刘备松了一口气，专心对付曹操，最后在阳平关的一次战役中，大败曹操，把曹操从汉中逼走了。

经过这场战役，刘备在益州的地位就更加巩固了。

公元 219 年，在手下的拥护下，刘备封自己做了汉中王。

关羽水淹七军

做了汉中王，刘备意气风发，趁势派镇守荆州的关羽去攻打曹军占据的樊城。

樊城的魏军守将叫曹仁，听到关羽要来进攻的消息，赶紧向曹操请求援军。曹操派于禁、庞德率领七路人马前去增援。这七路人马驻扎在樊城北边的平地上，挡住了关羽的进攻。

就在这时，樊城下了一场大雨，汉水暴涨，把七路曹军的军营全给淹了。于禁只好带着一批将士，游到高地躲避洪水；庞德则带着另一批将士到河堤上避水。

趁这个机会，关羽乘着小船，带领一批水军将于禁团团包围，于禁无

路可退，只好投降。

接着，关羽又去围攻庞德。他叫弓箭手做好准备，一齐向堤上放箭，庞德那边也命弓箭手回射，两军从早上打到中午。曹军的箭用完了，庞德就抽出短刀，说："良将不会因怕死而逃命，烈士不会为活命而失节。今天就是我死的日子！"

这时，水越涨越高，眼看大堤就要被淹没，关羽的进攻更加猛烈了。魏军顿时乱成一锅粥，将士们纷纷投降。庞德趁着混乱抢了一艘小船，准备逃回樊城，谁知船没划两下，就被一个浪头掀翻。庞德掉进水里，被活捉了。

庞德被带进关羽的大营，关羽让他投降，谁知庞德破口大骂："我们的魏王（公元216年，汉献帝册封曹操为魏王）威震天下，手上有一百万人马；你们的主公只不过是个庸人，怎么能与魏王相比？"

关羽气得差点儿没吐血，立刻叫人把庞德杀了。曹军的七路人马都被关羽消灭了，关羽的名声一下子就在中原传开了。曹操得到消息后惊慌失措，甚至想放弃许都，暂时逃到别处去避避风头。

谋士司马懿劝他说："大王不要惊慌，我看刘备和孙权虽然表面结盟，但实际上相互猜忌。这次关羽水淹七军，孙权肯定不高兴。我们趁这个机会去游说孙权，答应把江东封给他，他一定会站在我们这边，帮我们夹攻关羽。这样，樊城就可以保住了。"

曹操听了，赶紧派使者去和孙权谈条件。

关羽大意失荆州

关羽这个人有个很大的缺点，就是骄傲自大。之前，孙权本来想拉拢他，派人去向他提亲，希望关羽能把女儿嫁给自己的儿子。谁知关羽不仅一口拒绝，还把孙权羞辱了一顿，说出了"吾虎女岂配犬子"的话，所以孙权一直对关羽怀恨在心。

当曹操的使者提出要和孙权夹击关羽的时候，孙权想都没想，立刻给曹操回了信，表示愿意配合他偷袭关羽的后方。关羽一直对孙权不放心，他在交界处布置了大量人马，以防孙权的手下大将吕蒙偷袭。

为了使关羽放松戒备，吕蒙就躺在床上装病，孙权也极力配合，还另派了一个叫陆逊的年轻书生来接替吕蒙的位置。关羽知道这个消息后，心里暗暗高兴。

陆逊上任没几天，派人带着一封信和大量的礼品拜见关羽，信中说："这次将军立了大功，威震天下，我这个书生不才，以后要多多仰仗将军了。"

看了这封信后，关羽更是不把陆逊放在眼里，于是撤掉边界的人马，把他们派去攻打樊城了。由于接受了于禁的十几万降兵，关羽这边粮草短缺，于是他霸占了孙权储藏在湘关的粮食。

孙权知道后，立刻派吕蒙去偷袭关羽的后方。要偷袭荆州，就得过江，

吕蒙把所有的战船改成商船，在里面藏了大批士兵，并让外面的士兵穿上白衣，扮作商人，浩浩荡荡地朝北岸出发了。

北岸的刘备守军见只是一些商船，也没太在意，允许他们将船停靠在岸边。到了半夜，吕蒙突然率军从船中杀了出来，占领了北岸，没多久又把江陵给占领了。

进城之后，吕蒙命令手下士兵不许扰民，还派人去慰问了刘军将士的家属。

而这时，曹操的援军已经到了樊城，援军大将徐晃让人把孙权给曹操的回信抄了许多份，用箭射进关羽的大营。关羽这下为难了，不知该继续进攻樊城呢，还是赶回去营救后方。就在这时，曹军发动进攻，大败关羽。

关羽派使者去江陵打听情况，吕蒙知道后，热情地招待了使者，并让他去刘军将士家里探望。使者回来后，把江陵的情况跟将士们说了。大家一听，觉得吕蒙对他们很不错，都不愿意与他打仗，好多士兵半路上都跑了。

关羽只好逃到麦城。吕蒙早就料到了他逃跑的路线，事先派兵在麦城设下埋伏。孙权派使者劝关羽投降，关羽不肯投降，被活捉了。公元219年，孙权下令，将关羽杀掉了。

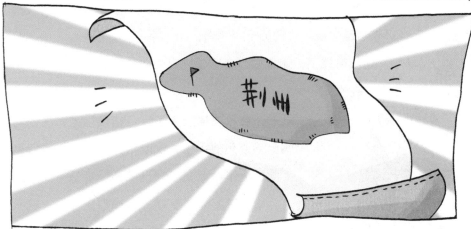

一代枭雄曹操去世

孙权杀了刘备的结拜兄弟关羽，又夺了荆州，与刘备的联盟算是彻底破裂了。孙权怕刘备找自己算账，就投靠了曹操。他还给曹操写了一封信，劝曹操早点儿称帝，好向曹操称臣。

曹操看了信后，笑了笑，随手把信递给身边的心腹大臣，说："孙权这是想把我放到炉子上烤啊。"

这就奇怪了，让曹操当皇帝是件好事呀，怎么是将他放到炉子上烤呢？

原来，自从曹操挟天子以令诸侯以来，汉朝的大权就全都落到他手里。汉献帝只不过是个傀儡皇帝，曹操想废了他就是一句话的事。可是，汉室虽然衰落，毕竟还是正统王朝，曹操如果称帝，就是谋权篡位。到时候，天下豪杰就会统一战线，一起来讨伐他。这不是将曹操放在炉火上烤又是什么呢？

后来，部下也纷纷劝曹操称帝，曹操笑着说："如果我有天命，我愿意做周文王。"意思是，将来让他儿子称帝。

公元 220 年，曹操病死了，终年 65 岁。他的儿子曹丕继承了魏王和丞相的位子。

························· **给张昭的一封回信**

编辑老师：

我叫张昭，是孙权手下的一个官员。很久以前，我就跟着孙策打天下了。孙策临死前，叮嘱我要好好辅佐孙权。

可是孙权这孩子，太年轻，做事太莽撞，我不得不时时刻刻提醒他。他喜欢出去打猎，有好几次，老虎扑过来，差点儿把他从马上拖下去，我吓得心脏都快跳出来了，就说了他一顿。可他嬉皮笑脸的，没把我的话当回事。

可能是我"啰唆"得有点儿多了，这几年来，孙权对我是越来越不满。可是，我做的一切，不都是为了他吗？我简直把孙权当成亲生儿子一样，他怎么就不明白我的苦心呢？

张昭

张昭：

你好！

您最后一句话让我们哭笑不得。主公就是主公，下属就是下属，你怎么能把孙权当成儿子呢？

听说，您常常不分场合，逮着你家主公就是一顿责备，让他下不来台，难怪他不待见您。我看您呀，还是应该及早地调整自己的心态，把他当成主公来敬重，而不是当成儿子来管教。

最后祝你们能和睦相处，祝江东繁荣昌盛。

报社编辑

文姬归汉，曹操无意间立大功

自从赤壁之战大败后，曹操的心情一直不怎么好，不过有段时间，曹操非常兴奋，不为别的，只为他得到了好几百本非常稀有的书。

在这乱世之中，连大汉王朝的国家藏书楼都被烧掉了，曹操哪里来的这么多的稀有书籍？原来这些书是著名才女蔡文姬默写出来的。

蔡文姬是文学家蔡邕（yōng）的女儿，而蔡邕是曹操的老师，曹操非常尊敬他。曹操曾经去过蔡邕家，见蔡邕家中有很多藏书，非常羡慕。

后来，曹操知道蔡文姬被匈奴掳走，一个人在塞外过得很凄苦，就用重金把她赎了回来。

在一次闲聊中，曹操问蔡文姬家里的藏书怎么样了，蔡文姬告诉他都被大火烧掉了，曹操觉得很可惜。这时蔡文姬告诉他，自己能凭记忆默写出其中的几百篇。曹操一高兴，叫蔡文姬赶快默写出来。

于是，就出现了这样的场景：曹操捧着这些珍贵的书籍，爱不释手，就连要处理的国家大事也不顾了。

据丞相府官员的仔细调查，这几百本书已经是世上唯一存在的版本。看来，曹操无意中为保存文化遗产作出了重大贡献。

曹植巧作《七步诗》

大家都知道，曹操有个儿子叫曹植。曹植非常聪明，也极有才华。曹操在世的时候，有好几次想立他为世子。可是曹植为人太任性，常常将曹操气得说不出话来。相对而言，哥哥曹丕就懂事多了，又会虚情假意地讨好老爸。最终，曹操将位置传给了曹丕。

曹丕继承父亲的地位后，总觉得弟弟曹植就好像一颗"定时炸弹"，时时刻刻威胁着自己。于是，曹丕就随便找了个借口，叫人把曹植抓起来砍头。

曹丕和曹植的母亲卞氏知道后，跑到曹丕面前大哭，曹丕只好对曹植说："我给你个机会。你看，我们是兄弟，那你就在七步之内，以'兄弟'为题作一首诗。作出来，我就放了你；作不出来，我就杀了你。"

曹植答应了。他一边踱步，一边吟诗，踱到第七步的时候，刚好作完了一首诗：

煮豆持作羹，漉（lù）菽（shū）以为汁。

萁在釜下燃，豆在釜中泣。

本是同根生，相煎何太急？

——《世说新语》

这首诗的大意是豆秆在炉子里燃烧，豆子在锅里哭："豆秆啊豆秆，你我本来是同根生出来的，你怎么这么急着煎熬我呢？"

曹丕一听，脸红得像猴屁股似的：弟弟这是在讽刺自己呢。我要是杀了他，还不被天下人笑死。于是，他就饶了曹植一命。

身份：魏王、丞相

大：大嘴记者　曹：曹丕

大：魏王你好，今天气色不错啊。

曹：嘿嘿，被人采访心里高兴嘛。

大：听说，你不仅是个大政治家，诗词歌赋也写得很不错。

曹：这个，我从小就喜欢文学，通晓诸子百家学说，当然，我也喜欢骑马射箭。

大：果然跟你父亲一样，是文武双全啊。看，你们曹家一下子就出了三个大文学家，你父亲、你、你弟弟曹植，你们三个人一定会成为后世的美谈。

曹：呵呵，我也这么觉得。

大：对了，说起你的弟弟曹植，他现在还好吗？

曹（变脸）：有什么不好的，他现在好歹也是个安乡侯。

大：可比起之前的临淄侯来说，安乡侯只能算个芝麻大小的官吧，而且，听说你还派人监视他，不准他到处乱跑。

曹：那又怎样。

大：好吧，不怎样。听说你的母亲卞氏有四个儿子，你、曹彰、曹植和曹熊，为什么最后你父亲会把位置传给你呢？

曹：因为四兄弟里我年龄最大嘛。

大：仅仅是这个原因吗？
曹：嗯，我父亲最喜欢的也是我。而且，我弟弟曹彰早在几年前就死了。

大：怎么死的？
曹：不知道，突然就死了。

大：可我听说，他死之前你请他吃过枣子。我还听人说，你在一部分枣子里下了毒，还做了记号。吃的时候，你自己挑没有毒的枣子吃，曹彰随便拿着吃，结果就……
曹：胡说八道，你这个记者怎么当的，就知道打听这些无聊的八卦事情。

大：呃，不好意思，不过作为记者，就是要多多打听各种小道消息嘛。这个还请你谅解。最后，你能不能说说你最后一个同胞弟弟曹熊呢？
曹：唉，我这个弟弟身体较弱，老是生病，前不久也病死了。在这几个同胞兄弟里面，我跟他的关系最好。当年我还没有当上魏王的时候，他就跟我说："哥，将来你当皇帝，我就当大将军保护你，你说往哪儿打，我就往哪儿打。"可惜他去世得早，没能看到我称帝。

大：等等，等等，你是说，你要当皇帝？
曹：……

大：打算什么时候登基？
曹：我说过这样的话吗？

大：别装傻了，我听得清清楚楚。
曹丕目露凶光

大：那个……不好意思，我可能听错了，再见！

广 告 铺

求职公告

我在家乡的时候，是一个小有名气的木匠。可是战火连年，我的家乡早已经成了一片废墟，我被迫到处流亡，吃也吃不饱，睡也睡不好。我希望找一份工作，不求工资，只要包吃包住就行。

陈木匠

同姓不准通婚

自古以来，我们汉族人就奉行"同姓不通婚"的原则。可是上个月，城南的铁匠胡九九和邻居家的胡凡梅竟然不顾伦理纲常，硬是要结婚，真是不像话。希望其他还没有结婚的青年男女，千万不要向他们学习，千万不要违背老祖宗留下来的遗训。

九江衙门

蜀锦大甩卖

当今世上，什么锦最受欢迎？当然是蜀锦！蜀锦质地坚韧、图案丰富，具有蜀地独特的民族风情。每年，都有大量的蜀锦出口到江东地区和北方地区，深受两地人民的欢迎。

本店现有大批蜀锦急需脱手，价格低到你不敢想象！早到早得，晚了就没有了！

某布料店

第❸期

〖公元 220 年—公元 234 年〗

三国争霸

公元 220 年，东汉灭亡后，魏、蜀、吴三个政权先后建立，形成鼎立的局势。其中，魏国在北方，占据中原，实力最强大；蜀国在西南；吴国在蜀国东边，因此也称东吴。

三国都希望消灭对方，统一天下，因此战争不断。整个三国时期，从公元 220 年东汉灭亡开始，到公元 280 年晋朝统一天下结束。

穿越必读

东汉灭亡，三国鼎立

——来自全国各地的加密快报

来自全国各地的加密快报！

公元220年，东汉最后一个皇帝汉献帝终于不情不愿地退了位，将皇位让给了曹操的儿子曹丕。曹丕建立魏国，将都城定在洛阳。

公元221年，皇叔刘备一看曹家人把东汉灭了，急急忙忙建立了蜀国（国号汉），准备讨伐魏国，都城定在成都。

公元222年，孙权也不甘示弱地建立了吴国，将都城定在武昌，后来又迁到建业（今江苏省南京市）。

魏、蜀、吴三国像分蛋糕一样，将天下分成三块，每人一块。不过，你要是认为从此以后天下太平，那可就大错特错了。战火的硝烟依旧弥漫在中华大地上，这三个国家时时刻刻都在谋划着吞并另外两个国家，统一天下。

刘备要找孙权的麻烦

大家都知道，刘备是汉朝皇室的后代。当初他听说曹丕将汉献帝赶下皇位，霸占了汉朝的江山后，就非常恼火，发誓要把江山夺回来。

可是，刘备称帝后的第一件事不是去魏国找曹丕算账，而是去东吴找孙权的麻烦。这是怎么回事呢？原来，自从关羽大意失掉荆州，又被孙权杀害后，刘备就时时刻刻不忘报仇。

大将赵云见刘备被仇恨冲昏了头脑，赶紧劝阻他："主公，我们还是先打魏国的好。打下了魏国，吴国自然会乖乖投降。"

"不行，打吴国！"刘备一意孤行。他让诸葛亮留在成都，辅佐太子刘禅，自己领着大军，浩浩荡荡地朝吴国开去。同时，他还叫上了张飞。

张飞脾气火爆，部下稍微犯了一点错，就对他们又打又骂。部下被他打怕了，趁他不注意，干脆杀了他，投靠了东吴。

刘备听到这个消息后，心中又是一阵悲痛。想当初，他和关羽、张飞三个人情同兄弟，一起打天下，如今，就只剩下他孤孤单单一个人了。于是，刘备怀着满腔的仇恨，领着大批蜀军杀向了东吴。

陆逊妙计，火烧连营700里

孙权一看刘备这架势，有些害怕了，赶紧派人求和。求和？想得美！刘备一路杀到东吴境内，攻占了五六百里土地。

东吴军一看急了，一个个将大刀、长矛擦得锃光瓦亮，就等着上头一声令下，和蜀军拼个你死我活。可是大都督陆逊却一点儿也不急："现在刘备士气正盛，跟他硬拼我们肯定吃亏，还是再等等。"

还等？东吴的土地都有一大片姓刘了，难道要等着亡国么？将士们明着不敢跟陆逊顶嘴，暗地里却已经将他骂得狗血淋头：胆小鬼、缩头乌龟……

可是，陆逊这个慢性子，一拖就是半年。转眼到了公元222年夏天，刘备这边等得花儿都谢了，陆逊那边却毫无动静。

当时正是夏天，蜀军又累又渴，刘备只好沿路扎营。他们用树木编成栅栏，将这些大营连成一片，前前后后共有七百多里，形成一张天罗地网，就等着东吴进攻的那天，一举将东吴军消灭。但他忘了，这样扎营虽然有个好处，可以首尾兼顾，但也有一个致命的缺点——最怕火攻。

曹丕知道后，大笑："刘备死期到也！"

此时陆逊见时机已到，立刻下令进攻。

当天晚上，陆逊让一队将士拿着茅草和火种，埋伏在蜀营附近的树林里。等到三更时分，就放起了火。由于蜀军的大营是连在一起的，所以一点火，大营一个接一个地燃烧起来，瞬间就有四十多个大营被攻破了。

刘备没料到陆逊会来这招，仓皇逃跑，和万名蜀军一直逃到了马鞍山。陆逊可不会就这么轻易放过他，他命令吴军团团围住马鞍山，势必要捉住刘备。

一场血战在马鞍山展开，万名蜀军被吴军打得狼狈不堪，死的死，逃的逃。

幸好，赵子龙及时赶到，才把刘备救了出来，逃到白帝城。

战争结束后，蜀军几乎全军覆没。刘备捶胸顿足，悔恨得不得了，可是，一切都已经太晚了。

刘备托孤白帝城

　　自从被陆逊打败后，刘备就一直闷闷不乐，第二年就在白帝城一病不起。刘备知道，自己这是要去见二弟关羽和三弟张飞了，于是让人日夜兼程赶到成都，将诸葛亮请过来。

　　两人相见，回忆起过去一起并肩战斗的点点滴滴，不由得泪如雨下。

　　"我走之后，蜀汉就全靠你了。你的才能胜过曹丕十倍，一定能安邦定国。也不知道我儿子阿斗能不能成器，你要是觉得他行，就辅佐他；你要是觉得他不行，就自己来当这个皇帝吧。"刘备感叹地说。

　　诸葛亮赶紧哭着拜倒在地下："主公，您就

放心吧，我一定会像辅佐主公一样，好好辅佐太子，一直到死为止。"

从此，他尽心尽力地辅佐刘禅（刘阿斗），兢兢业业地治理蜀汉，并且和吴国重修旧好。

编 辑 评 说

大家都知道，自古以来，哪个帝王不想将皇位传给自己的子孙，然后让子孙们世世代代地传下去。就像秦始皇一样，他自称始皇帝，那么他的儿子就是秦二世，接着是秦三世……最好能传他个千秋万世。

可是，刘备死前竟然对诸葛亮说，如果自己的儿子不成器，诸葛亮可以取而代之。这刘备是不是病糊涂了，在说胡话？

非也非也，刘备不仅不糊涂，而且聪明得很。他明明知道自己的儿子不成器，所以就干脆装出一副大方的样子，以收买人心："这帝位，你想要就拿去吧。"这么一来，诸葛亮反而不好意思谋夺他的帝位了（当然，诸葛亮本来就没有篡位的意图）。从此以后，诸葛亮对蜀汉是鞠躬尽瘁，死而后已。

被捉七次放七次，孟获终于心服口服

刘备一死，益州有个叫雍闿（kǎi）的人就叛变了。他杀了益州太守，投靠了东吴。不仅如此，他还煽动南中地区的一些少数民族部落一起叛变。这样一来，蜀汉就失去了近一半的土地。

公元225年这年春天，诸葛亮带领大批蜀军出发，征讨南中。

出发前，参军马谡（sù）为他送行。诸葛亮问他："我要去打仗了，你有什么话要跟我说吗？"

马谡说："南中这个地方地势险要，离我们的都城又远。今天你即使把他们征服了，估计明天他们还是要造反。与其征服土地，不如征服民心啊。"

诸葛亮点点头："说得好，就照你说的办。"

诸葛亮领军来到南中后，一连打了好几场胜仗，平定了好几方叛乱。他听说有个叫孟获的少数民族部落首领在南中很有威望，便决定收服他。

于是，在与孟获军对阵的时候，诸葛亮故意让蜀军输了一场，然后转头就跑。孟获一看：原来蜀军也就这点儿能耐啊，拔腿就追，结果中了诸葛亮的埋伏，被活捉了。

蜀军押着孟获，来到诸葛亮的大营。诸葛亮和和气气地给他松了绑，又劝他投降。

孟获不服气："我是不小心才中了你的埋伏，怎么能向你投降？"

不服气没关系，诸葛亮就陪他在蜀营里溜了一圈，看看蜀军的阵容。谁知这孟获看了，还是不服气："你们的阵势也不过如此嘛，你要是放我回去，我一定能打败你。"

"行，那你回去吧。"诸葛亮说着，就把孟获放了。

可是，孟获是个有勇无谋的人，第二次进攻蜀军的时候，又被活捉了。这次，他依然厚着脸皮说："有本事你再放了我，下次我一定能打败你！"

"行，那你回去再好好准备准备。"诸葛亮再次大度地将他放了。

谁知第三次，孟获依然被活捉了。

……

就这样，孟获前前后后一共被诸葛亮活捉了七次。到第七次的时候，诸葛亮还打算放了他，孟获又感动又羞愧，眼泪汪汪地说："丞相，您对我可以说是仁至义尽了，我承认自己打不过您，我对您心服口服。"

孟获回去后，说服南中各个部落向蜀汉投降。于是，南中重新回到了蜀汉的怀抱。

诸葛亮挥泪斩马谡

公元 227 年，为了实现刘备统一天下的遗愿，诸葛亮离开成都，带着大批蜀军北上讨伐魏国。

大家都知道，在魏国和蜀国的交界处，有一座祁山（位于今甘肃省内），如果能攻下它，魏国就有可能土崩瓦解。在这之前，魏文帝曹丕刚刚去世才一年多，朝廷形势有点儿乱，诸葛亮一出祁山，附近三郡的魏国官员就向诸葛亮投了降。

没过多久，诸葛亮决定派马谡做先锋，去镇守街亭。街亭虽小，却是战略要地。

马谡是诸葛亮好友马良的弟弟，平时没事就喜欢读兵书。诸葛亮非常喜欢他，常常跟他讨论兵法到深夜。

不过，刘备生前对马谡这个人不怎么看好，还对诸葛亮说："马谡这人不太踏实，暂时还不能派他干大事。"

诸葛亮没把刘备的话放心上，依旧派马谡去守街亭，只是再三叮嘱他说，一定要稳扎稳打，坚守城池。

马谡也没把诸葛亮的话放在心上，他来到街亭后，看了看地形，放着城池不守，却将军队驻扎在街亭旁边的一座山上。

副将王平很不理解："山上扎营太危险，临走的时候，丞相交代过……"

王平说得口干舌燥，马谡却将他的话当作耳旁风。马谡自认为，在山上驻扎，刚好可以设置埋伏，伏击魏兵。

再说张郃领着魏军来到街亭后，见蜀军不在城中，反而驻扎在山上，

乐了，立刻将蜀军重重包围起来，并切断了山上的水源，打算困死马谡。

马谡命令士兵突围，可蜀军不仅没能突围出去，还被魏军用箭射死了不少人。时间一长，蜀军又渴又饿，仗也不打了，纷纷逃跑。

马谡这才慌了，可他一个人拦也拦不住，最后，只好自己杀了出去，朝西边逃之夭夭。

由于失去了街亭这个根据地，诸葛亮全盘计划被打乱，只能领着蜀军回到汉中，并把逃回来马谡关进监狱。马谡知道，按照军规，自己这回是死定了，就在监狱里给诸葛亮写了一封信："丞相大人，平时您对我就像对自己的亲生儿子一样，我也一直将您当作父亲看。只求我死后，您能好好对待我的儿子，那我就没什么牵挂了。"

诸葛亮答应下来。斩马谡的时候，诸葛亮心里那个难过啊，可还是一边流泪，一边命人将马谡给砍了。

听说，丞相在离开成都前，给皇上呈了一篇表文，叫《出师表》。丞相在表文中建议皇上，要多多听取大臣的意见；赏罚分明；亲近贤臣，远离奸臣。丞相还说，他非常感激先帝对自己的知遇之恩，所以自己对蜀汉忠心不二。

哎，丞相的一片苦心、忠心全在这篇表文中啊。

蜀官某侍卫

蜀汉百姓王某

唉，刘禅比起他老爸来差远了，没能力，没魄力，不管大事小事，全都交给诸葛丞相来处理。平时，我们的丞相每天加班加点，累得只差没吐血，这次又要去征讨魏国，更是劳心费力。这样下去，丞相迟早得累出病来。

别老说你们蜀汉，也说说咱们吴国的事儿吧。我们东吴不仅水军强大，造船技术也是一流。听说，前不久有个船队到了一个叫夷洲（今天的台湾地区）的岛屿，这地方以前可从来没听说过。不过没关系，有了第一次联系，就会有第二次、第三次……说不定哪天，我也能去那里玩玩呢。

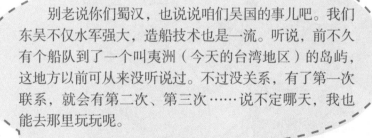

吴国闲人

奇闻！诸葛亮竟送司马懿一套女装

在接连好几次北伐没有成功后，公元 234 年，诸葛亮第五次发动了北伐。跟他对敌的是魏国的司马懿（yì）。司马懿是魏国的三朝元老，是魏国有名的权臣。

蜀军和魏军对峙了一百多天后，诸葛亮派人给魏军主将司马懿送去了一套女装（消息经过多方验证，确认无疑）。据说，这套女装不管是花色，还是材质，都十分精美，款式也很时髦。可是，这也太荒唐了吧？诸葛亮不送刀子不送毒药，怎么偏偏送了一套女装呢？

原来，诸葛亮无论怎么挑衅，司马懿死活不肯出战，于是就准备了这套漂漂亮亮的裙子，送给司马懿，意思是说："司马懿你这个缩头乌龟，既然不敢应战，就乖乖地躲在家里做你的'闺房大小姐'吧。"

司马懿收到女裙后，知道这是诸葛亮的激将法，不气也不恼。可士兵们个个都按捺不住了，叫着嚷着要找蜀军拼命。司马懿只好说："好好好，我这就给皇上上个奏章，请求出战。"

奏章千里迢迢地呈上去后，明帝大笔一挥："不准！"又叫人给送了回来。

魏军很失望，蜀军更失望。蜀军本来满心期待地等着魏军出战，结果是空等了一场。只有诸葛亮明白司马懿的鬼把戏，说："将军在外打仗，哪有千里迢迢去向皇上请战的道理，司马懿这是做给士兵们看的。"

诸葛亮在揣测司马懿的时候，司马懿也在打探诸葛亮的消息。一次，诸葛亮又派人去司马懿的大营挑衅，司马懿热情地招待了使者，还跟他拉家常："你们丞相最近怎么样啊？"

使者没防备，就老老实实地回答说："我们丞相每天忙得很，什么事都要他操劳，最近胃口不怎么好。"

使者走后，司马懿高兴地对身边人说："诸葛亮成天超负荷做事，又吃不了多少东西，我看他活不长啦。"于是，司马懿决定继续拖下去，一直到拖垮诸葛亮为止。

死的诸葛亮，吓退活的司马懿

果然没过多久，司马懿就得到一个消息：诸葛亮病死了！司马懿高兴坏了。虽然他并不确定消息的真假，但他看到蜀军正在大规模撤退，知道是八九不离十了，于是兴冲冲地领着魏军追了过去。

刚刚追过五丈原，没想到蜀军突然调转个方向，朝魏军冲过来。

司马懿一下起了疑心：难道诸葛亮没有死，这又是他的一个阴谋？来不及多想，司马懿赶紧领着魏军撤退了。看到魏军走远，蜀军又转过头去，井然有序地撤离了五丈原。

原来，诸葛亮是真的死了，但他临死前，担心魏军会趁机进攻，就想出了这么个招：让蜀军在撤退的时候，故意转头进攻。司马懿这人疑心重，害怕中计，自然就撤退了。

诸葛亮临死前放心不下刘禅，对刘禅派来探病的大臣说："我死之后，就让蒋琬来继任我的工作；蒋琬之后，就是费祎（yī）。"

公元234年，一代名相诸葛亮去世了。尽管他的一生只有短短的54年，但他对蜀国的一片赤胆忠心和鞠躬尽瘁的精神，将长存史册。

宫殿要不要停修

编辑老师：

我是魏国皇帝（魏明帝），我这个人没别的爱好，就喜欢修宫殿。作为皇上，这点儿权力还是该有的吧。

几个月前，崇华殿突然起火了。大臣高堂隆就对我说，这是上天在给我警告，叫我不要再建了。可我想了想，还是决定重修崇华殿，给它改个名，叫"九龙殿"好了。

前几天，我发现宫殿上面有几只喜鹊筑巢。高堂隆又说，宫殿还没有建好，就有其他生物，说明上天不想让我住。可是宫殿已经修了一半，现在停修，不是白白浪费了吗？

魏明帝

魏明帝：

您好！

虽然我们并不相信什么"上天惩罚"的说法，但是，我们觉得高堂隆的建议是对的。

您已经有那么多宫殿了，为什么还要浪费大量的人力、物力来修九龙殿呢？要知道，在这战火连天的时代，百姓的日子并不好过啊。所以，我们衷心地希望，您能多为百姓想想。

报社编辑

魏国皇帝的祖先竟然是太监

最近，民间出现了一个传闻，魏国皇帝的祖先竟然当过太监！这则八卦新闻可真够劲爆的，究竟是怎么回事呢？

原来，这个太监的祖先正是曹操的祖父曹腾。曹腾出生在一个农民家庭，爸爸叫曹节。曹节忠厚老实，据说他的邻居曾经丢了一头猪，在屋前屋后找了半天没找到，就跑到曹节家来找。邻居到曹节家的猪圈，指着一头猪，硬说是自己家里丢的那头。曹节也不和他争，就让他把猪赶回去了。

过了两天，邻居丢的那头猪自己跑回来了，邻居非常羞愧，赶紧把曹节的猪送了回来，并连声道歉。曹节也不多说什么，只是笑着接受了。

可能是因为家里穷，曹腾很小的时候就被送进东汉皇宫，当了宦官。因为他性格温顺，又忠厚老实，很受邓太后的喜欢。所以，太后就让他陪伴太子刘保（后来的汉顺帝）读书。

后来，曹腾和一个姓吴的女子结为夫妻，收养了一个叫曹嵩的孩子。再后来，曹嵩生了个儿子，取名叫曹操。曹操的儿子曹丕称帝后，不仅追封曹操为魏武帝，还追封爷爷曹嵩为太皇帝，太爷爷曹腾为高皇帝。

就这样，曹腾成了历史上第一个，也许还是唯一一个被追认为皇帝的太监。

身份：蜀汉丞相

大：大嘴记者　诸：诸葛亮

大： 丞相大人好，非常感谢您在百忙之中抽空接受我们的采访。丞相最近辛苦了。

诸： 记者好，你也辛苦。

大： 首先，您能跟我们谈谈您的出身吗？

诸： 我出生在琅琊郡阳都县的一个官宦世家。3岁那年，我母亲就死了，8岁那年，我父亲也死了。我和弟弟跟着叔父过日子。我喜欢读书，也读了不少书。长大后，我自认为有管仲、乐毅那样的才华。不过当时，除了几个好朋友外，其他人都将这当作一个笑话。

大： 哎呀，像您这样足智多谋、神机妙算的天才，几百年才出一个，那些人真是太不识货了。

诸葛亮笑而不语。

大： 那后来呢？

诸： 我那时候，没人赏识我，我闲着没事干，就在隆中的卧龙岗耕耕田、种种地。再后来，我家主公三顾茅庐，把我请出山，我就死心塌地地跟着他干了。

大： 哈哈，三顾茅庐，相信几千年后这事儿都会被人津津乐道的。您能和我们谈谈您的家庭吗？听说，您的妻子黄月英长得很……

诸： 很丑是吧？

大：呃……像您这样一位名满天下的成功人士，怎么会娶一个那么丑的老婆呢？

诸：小伙子，看人要看内在，不是外表。虽然我妻子外表不好看，但是她的才华与我刚好相配啊。

大：啊？真的吗？那你们是怎么认识的？

诸：那时候我二十多岁，到了该娶妻的年龄。黄承彦，也就是我后来的老丈人跑过来跟我说，他家有个丑女儿，头发黄，皮肤黑，长得不好看，但是才华与我不相上下。我一听，马上就答应了这门亲事。

大：啊？

诸：当时乡里人都笑我，说什么"莫作孔明择妇，正得阿承丑女"。

大：不好意思，我的文言文不是很好……

诸：意思是，选老婆不要学我孔明，娶个丑女回家。不过，我自己对这门亲事倒是挺满意的。时间久了，我觉得我妻子是越看越顺眼。

大：看来你们结婚后，一定生活得很幸福吧！

诸：那当然，夫唱妇随嘛。

大：哈哈，那祝你们白头偕老、永结同心。好了，今天的采访就到此结束了，我们下期再见。

广 告 铺

欢迎购买《阿弥陀经》

支谦的大名你一定听说过吧，他是东吴顶级的佛经翻译家。他的最新翻译作品《阿弥陀经》本月新鲜出炉，欢迎广大佛学爱好者前来购买。前五十名购买者，本书肆将赠送《斋经》一卷。快快行动起来吧！

崇佛书肆

汉宫招宫女

我是汉国皇帝刘禅。为了把我培养成一个文武双全的好皇帝，诸葛丞相天天让我读书、学武。我每天累得腰酸背痛，晚上回到宫里，想让宫女给我捶捶肩、捏捏腿，可她们一个个笨手笨脚，什么都不会。

因此，我想在蜀汉招一批新宫女，相貌、身材没有多大要求，只要会捶肩、捏腿就行。希望大家踊跃报名。

刘禅

汉吴结盟公告

虽然前些年，汉国和吴国由于某些原因，发生了几场战争，但这并不能阻止我们两国再次结盟。因为汉国和吴国有着共同的敌人——魏国。所以，汉国和吴国不应该反目成仇，让敌人有机可乘，而是要齐心协力，共同抗击魏国。

等把魏国消灭的那一天，汉国和吴国就二分天下，共同发展，共同进步。特此昭告天下。

汉吴联盟

智者第①关

① 赤壁大战的双方分别是谁?

② 三国时期是指哪三个国家鼎立的时期?它们分别是由谁建立的?

③ 三国之中,在北边的国家是哪一个?

④ 哪一场战争基本上确立了三国鼎立的局面?

⑤ 赤壁之战中,吴军采用哪种方式打败了曹操?

⑥ 刘备三顾茅庐,得到了哪位好帮手?

⑦ 三国英雄中,"小霸王"是谁的称号?

⑧ 刘备为什么被称为"刘皇叔"?

⑨ "鞠躬尽瘁,死而后已"是用来形容三国里的哪一位人物?

⑩ 三国中,"挟天子以令诸侯"的是谁?

⑪ 《七步诗》是谁写的?

⑫ 《出师表》是谁写给谁的?

⑬ 关羽是被谁杀掉的?

⑭ 谁连续被诸葛亮活捉了七次?

智者无敌 王者为大

第**4**期

〖公元 234 年—公元 263 年〗

司马家族
的野心

魏明帝死后，大权落入了司马家族的手中。司马懿、司马师和司马昭这父子三人，轮流掌管朝中大权，魏国的小皇帝全部成了他们的傀儡。对于皇帝，他们想废就废，想立就立，想杀就杀。

司马昭之心，路人皆知。看来，魏国离改朝换代的日子，已经不远了。

穿越必读

司马懿杀大将军曹爽

——来自洛阳的加密快报

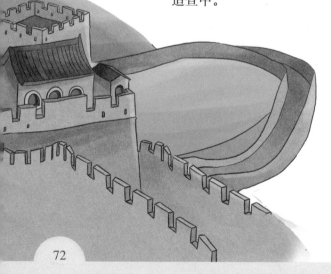

来自洛阳的加密快报！

公元 249 年，一个石破天惊的消息从洛阳传来：司马懿将曹爽杀掉了！这曹爽可不是一般人，他是曹操的侄孙，也是魏国的大将军。

杀大将军可不是闹着玩的，司马懿有天大的胆子，也不敢随随便便把大将军杀掉吧！所以，司马懿杀曹爽是有原因的，那就是——曹爽造反了！

曹爽造反，司马懿平反，多么名正言顺啊。

可是，有人怀疑，造反只是司马懿为杀曹爽找的一个借口。因为曹爽老是排挤司马懿，司马懿早就看他不顺眼了。不过，也有人为司马懿辩解，说曹爽的确想造反。

曹爽究竟是真造反，还是被司马懿诬陷的，事情还在追查中。

揭秘司马懿杀曹爽的真相

司马懿可以说是魏国的四朝元老，先后在曹操、曹丕、曹叡（ruì）的手下当官，一生南征北战，立下不少大功，手里也掌握了不小的兵权。多年来，他和大将军曹爽一直遵照魏明帝曹叡的嘱托，一起辅佐魏少帝曹芳。那是什么原因，让这两个原本站在一条战线上的朋友，成了敌人呢？这事还得从八九年前说起。

曹叡去世后，司马懿和曹爽两个人各自领着 3000 名士兵，在皇宫轮流值班。

当时，司马懿是太尉，曹爽是大将军。但由于司马懿的资历老，很多

啊，并州啊，小心啊！

是荆州，荆州！

时候，曹爽办事都得先听听司马懿的意见。曹爽很不爽，觉得司马懿是个外人，怎么能让曹家的大权落到他手里呢？

于是，曹爽以魏少帝的名义，给司马懿封了个太傅。表面上看，司马懿是升官了，但实际上，曹爽是趁机夺走了他的兵权。但司马懿一声没吭，由着曹爽欺负。

一段时间后，便有消息说：司马懿病了，病得非常严重。曹爽听了很高兴，但还是有点儿不放心。正好，他的一个亲信李胜要去荆州上任，曹爽就让他去向司马懿告个别，顺便打听一下情况。

李胜来到司马懿的卧室，见他病恹恹地躺在床上。侍女给他端来一碗粥，他哆哆嗦嗦地把嘴凑上去喝，一边喝一边流，流得满衣襟都是，看上去可怜极了。

李胜走过去，说："皇上要派我去荆州做刺史啦，我是来向您告别的。"

"什么？并州？真是委屈你了，那个地方离胡人的地盘不远，你可要好好防备啊。"司马懿拍拍他的手，关切地说。

李胜一听莫名其妙，就说："我是去荆州，不是并州。荆州是个好地方。"

"什么？并州？"

"是荆州！"李胜在他耳边大声说。

"哦，是荆州啊，那就好，那就好。"司马懿这才听清楚了。

李胜回去后，将司马懿的情况一五一十地向曹爽汇报了。曹爽一听心里就更高兴了，想：看来，司马懿这糟老头子就快归西啦。

公元 249 年新年，魏少帝带着一班大臣去城外给祖宗扫墓，曹爽也去了，司马懿因"病"起不来，就没有陪同前去。

等到曹爽前脚刚离开，司马懿就从床上跳了起来，精神抖擞地穿上铠甲，拿起武器，和两个儿子司马师、司马昭一起领着兵马，占领了城门和兵库，并宣布：皇太后下令，撤掉曹爽大将军的职务！

曹爽在城外听到这个消息后傻眼了，没办法，只好乖乖交出兵权。

没几天，有人告发曹爽，说他想谋反。司马懿就把曹爽和他的亲信全都关进大牢，按照法律处决了。

这下子，魏国的政权全都落到了司马一家人手里。

唉，人老了，不中用了。

耳朵聋了，牙齿也掉光了。

555，司马懿，你这个大骗子！

司马昭之心，路人皆知

公元254年，魏少帝曹芳被皇太后废掉了，理由是少帝荒淫无度，不能再当皇帝。但秘密潜入皇宫的记者传出消息说，这不过是为废皇帝找的一个借口。真正想废曹芳的不是皇太后，而是司马师。

司马师是司马懿的长子，父亲死后，他就和弟弟司马昭在朝廷里翻手为云，覆手为雨，把反对他们的大臣统统杀掉了。

魏少帝实在看不下去，计划着撤掉这俩兄弟的兵权。谁知，这个计划被司马师发现了。他跑到皇太后面前，逼着她废掉魏少帝，立14岁的曹髦（máo）为帝。皇太后不敢得罪他，只好同意了。

没过两年，司马师病死了，司马昭接过了

大权。

这个司马昭，比他爸爸和哥哥都要嚣张。他仗着大权在握，都快骑到皇帝曹髦头顶上去了。曹髦憋屈得要命，于是秘密召来三个自认为信得过的大臣，气冲冲地说："司马昭之心，路人皆知！"意思是，司马昭要造反的心，连过路的人都知道啦。

三个大臣一齐点点头，赞同他的说法。

"我要去讨伐他，把权力收回来！"年轻的曹髦说得豪气万丈。说着，他还从怀里掏出一道早就写好的诏书，扔在地上，说："你们等着，我这就去向太后禀报。"

没想到的是，这三个大臣里，有两个是向着司马昭的。曹髦一走，他们就跑到司马昭面前告了密。

当曹髦带着一群禁卫军和太监，吵吵嚷嚷地从宫里杀了出来时，半路上就被司马昭的军队拦住了。军队里有个胆大的，仗着背后有司马昭撑腰，拿起一根长矛，把曹髦刺了个穿胸透。

可怜的曹髦，连司马昭的影子都没见着，就惨死在长矛下。

曹髦的死似乎对魏国并没有产生什么影响，因为司马昭已经立了一个年仅 15 岁的新皇帝，他就是曹操的孙子曹奂（史称魏元帝）。

坚决反对司马昭当皇帝

编辑老师：

你们好！

我叫诸葛诞，是魏国的将领。前不久，司马昭的亲信贾充来找我，问如果司马昭称帝，我站在哪一边。

我早就知道了司马昭的野心，他要当皇帝，我第一个不答应！没多久，司马昭就又派扬州刺史乐綝(chēn)来讨伐我了。我干脆杀了乐綝，夺下扬州，起兵讨伐司马昭。

只可惜，魏国的兵权掌握在司马昭手中，我这点儿兵力不足以抵抗他。现在，我军已经被围困在寿春城，弹尽粮绝。眼看魏国落入司马昭手中，我实在是不甘心啊。

诸葛诞

诸葛诞将军：

您好！

我们早就听说了您的大名，您和诸葛亮、诸葛瑾还是堂兄弟吧。你们三人，一个效忠魏国，一个辅佐蜀汉，一个辅佐吴国，都是了不起的人物啊。

魏国落入司马昭手中，您不甘心，很多魏国的大臣都不甘心，但是，人生有时候就是这么无奈。很多事情，你极力想改变，可是，你却无法改变。但不论怎样，您对魏国的一片忠心，一定会载入史册，流芳千古的。

报社编辑

竹林七贤，一群"疯疯癫癫"的文人

据说，前些年，有七个文人常常在山阳县（今河南省辉县、修武县一带）的竹林下聚会，一面大声谈笑，一面开怀畅饮，好不痛快。因为这几个文人都是当时有名的贤士——嵇康、阮籍、山涛、向秀、刘伶、王戎及阮咸，人们便把他们叫作"竹林七贤"。

竹林七贤个个才华不凡，司马家族一心想拉拢他们，却始终不能得逞。因为他们对司马家族的人很反感，尤其是嵇康、阮籍、刘伶这三人，坚决不与司马家合作。但如果明目张胆地反对，肯定会遭到迫害。于是这三人就

我们就是传说中的竹林七贤。

80

装疯卖傻，干出了一些令人瞠目结舌的事儿。

一次，司马昭听说阮籍有个正当妙龄的女儿，便想替自己儿子求亲。阮籍当然不肯答应，可又不敢明着跟他过不去，就天天喝酒，一连醉了整整两个月。司马昭连开口的机会都没有，只好垂头丧气地回去了。

阮籍的好朋友刘伶为了避免遭到迫害，也整天喝得醉醺醺的。一天，有个客人来刘伶家拜访，刘伶连衣服都不穿，就跑去接待客人了。

客人看不下去了："我说刘伶，你怎么不穿衣服呢？"

刘伶眼睛一瞪，说："这天地就是我的房子，这屋子就是我的衣服。你都钻到我裤裆里来了，怎么说我没穿衣服呢？"

客人听了这番话，顿时目瞪口呆，不知道是赶紧从他"裤裆"里出来好，还是继续在他"裤裆"里待着好。

嵇康、阮籍、刘伶三个人始终没有向司马家族低头，最后，嵇康被司马昭杀掉了，山涛和王戎投靠了司马家族，竹林七贤就此解散。

司马懿装病，险被刺客一刀劈死

大家都知道，司马懿靠装病，顺利地除掉了曹爽。不过，这可不是他第一次装病。多年前，司马懿对曹操也使过这招。

那时候，曹操刚刚掌权，听说了司马懿的名声后，想把他招来做官。

司马懿不乐意："我司马懿出身名门望族，身份高贵，凭什么给你一个宦官的孙子效力啊！"

不过，司马懿不敢明着得罪曹操，就想了个办法——躺在床上装病，而且装的是风瘫病。

曹操听到消息后，觉得不对劲："这司马懿前些天还好好的，怎么我一叫他出来当官，他就瘫了？"于是，他悄悄派了个刺客去司马懿家打探消息。

刺客来到司马懿房间，见他果然直挺挺地躺在床上，就两只眼睛望着刺客骨碌碌地转，身体一动不动。

刺客拔出身上的佩刀，朝司马懿高高举起。司马懿还真沉得住气，眼看刺客的刀都碰到自己的鼻尖了，他就是不动。

没办法，刺客只好把刀收起来，回去向曹操复命了。

刺客走后，司马懿吓出一身冷汗："看来，曹操是个狠角色，肯定不会就这么放过我。"于是，没过多久，他就让人传出消息说，自己的风瘫病已经好了。

曹操听后，又派人来召他。这回，司马懿没再耍花样，乖乖地跟着来的人走了。

身份：魏国大都督

大：大嘴记者　司：司马昭

大：你好，欢迎来到这个栏目。关于前段时间皇上（曹髦）遇刺一事，
　　我们有几个问题想向您请教。

司（有些不情愿）：问吧。

大：杀皇上的那个人抓到了吗？

司（装模作样）：抓到了，那个胆大包天的逆贼叫成济，我已经按照魏
　　　　　　　　国法律，将他满门抄斩了。

大：成济？等等，这人我好像认识……哦，我想起来了，他不是贾充
　　手下的一个武士吗？又不是什么了不得的人物，怎么有胆子刺杀皇
　　帝呢？应该是有人指使吧。

司（坚决地）：没有，是他自己一时神经错乱。

大：有，肯定有。多半是贾充让他这么做的。对了，贾充不是你的亲信
　　吗？难道是你指使的……

司（大怒）：胡说！

大：呃……好了，那我不说了，换个问题吧。曹髦死后，他皇帝的名
　　位就被废掉了。这是怎么回事？

司：虽然他曾经是皇帝，可他不敬太后，自寻死路，被废掉是理所当然

的。再说，废他的是太后，又不是我。

大：太后不也得听你的吗？

司：太后想废谁就废谁，我不过是尽臣子责任，提点建议罢了。

大：有个问题我一直很好奇，为什么这几任皇帝年纪都这么小呢？十四五岁能处理好国家大事吗？

司：我怎么知道，皇上是太后立的，我只是个臣子，哪管得了这么多事。

大（嘀咕）：哼哼，我看你是故意立小皇帝，便于控制吧。

司：你想怎么说就怎么说吧，我确实也是这么想的。

大：看来你一点儿都不怕别人知道你的野心啊，我听说是"司马昭之心，路人皆知"了。

司：现在的皇帝都不是当皇帝的料，我早晚要取而代之的。大家走着瞧！

大：现在天下这么乱，想当皇帝，难啊，连当年曹操都没办法。那你打算怎么对付蜀汉和吴国啊？

司：嗯，这两个国家，是迟早要对付的。尤其是蜀汉，诸葛亮在的时候，就隔三岔五地攻打我国；诸葛亮死后，他们的大将军姜维也年年骚扰我国。这笔账，我们迟早要算。

大：哦，你的意思是，接下来魏国会先对付蜀汉，再对付吴国。那你们具体打算怎么攻打蜀汉呢？

司（瞪眼）：我们的作战计划怎么能让你知道？等等，你不会是蜀汉派来的奸细吧。

大：……不不不，我就一个小记者。好了，今天的采访就到这里了，再见。

广 告 铺

魏国人口普查公告

今年（蜀国灭亡前夕）人口普查结果显示，我们魏国共有人口66万户，440万人（蜀国只有28万户，吴国也只有40万户左右）。特此公告天下。

魏国朝廷

何晏新作《道论》即将面世

著名玄学家何晏将携新作《道论》与读者见面。喜欢玄学的朋友，都知道他不但才华出众，而且还是个大帅哥。如果你想跟他探讨玄学，如果你想领略他的才华，千万别错过噢！一旦错过，终身白过！

玄学爱好者协会

朝阳机械，绝对信得过

你一定听说过大名鼎鼎的机械发明家马钧，他制造过新式指南车，改造过织绫机，还研制了一种叫龙骨水车的灌溉工具。这些伟大的发明，在我们朝阳机械店都可以买得到。另外，本店还兼售各种其他先进机械，质量有保证，实施三包，还可送货上门，欢迎大家前来购买。

朝阳机械店

第**5**期

〖公元 263 年—公元 280 年〗

三国时代结束，
晋朝统一天下

穿越必读▶

公元 263 年，魏国派兵攻打日渐衰弱的蜀国，蜀国成了三国中第一个被灭亡的国家；公元 265 年，司马炎建立晋朝，魏国就此消亡；公元 280 年，晋朝灭掉了三国中最后一个国家——吴国。至此，混乱分裂的三国时期彻底结束，中国重新走向统一。

刘禅领百官投降，蜀汉灭亡了

——来自成都的加密快报

自从诸葛亮死后，蜀汉就开始走下坡路。但谁也没想到，三国中一向公认治理得最好的蜀国，最后的结局居然是跟魏国不战而降！

消息传来，天下人无不震惊。想当初，刘备是何等的英雄，诸葛亮又是何等的英明，结果却培养出刘禅这么个无能之人，把江山白白地送了出去！

据消息说，刘禅压根就没想到魏军会杀到成都来，他以为只要派大将姜维死死地守住剑阁这个要塞，让魏军攻不进来就可以了。

哪知魏国大将邓艾棋高一筹，带着兵马从剑阁西面的羊肠小道穿了过来。要知道那一带不是高山，就是大河，环境十分恶劣。魏军不怕苦，不怕累，见山开山，见河搭桥，见了悬崖就裹了毯子往下面滚，这样，居然神不知鬼不觉地杀到了成都城下。

而刘禅呢，兵临城下，既不同意撤到南方据守，又不愿意流亡到东吴，却叫人把自己反绑了，领着文武百官向邓艾投降。

无数英雄用鲜血打下的蜀汉就这样窝囊地灭亡了。相信从今以后，"阿斗"（刘禅的小名）将成为无能的代名词。

来自成都的加密快报！

姜维是真降，还是假降

刘禅投降的时候，蜀汉大将军姜维还在剑阁跟魏军大将钟会对抗。结果刘禅一纸令下：姜维，我已经向魏军投降了，你也投降吧。姜维一下子就懵了，只好也跟着降了。

钟会本来就对姜维挺欣赏的，这样一来，更是把他当成了自己人，每天同吃同住，一同商量军中大事，感情好得跟亲兄弟似的。

而邓艾呢，自从灭了蜀汉，俘虏了蜀汉皇帝后，就一直挺神气的，根本不把钟会放在眼里。

邓艾把钟会气得七窍生烟，姜维就给他想了个办法："你写封信给司马昭，就说邓艾谋反，看他小子还能嚣张到什么时候。"

司马昭收到钟会的告密书信后，立刻叫人把邓艾抓起来，押回洛阳。

兵权落到了钟会的手里，他找来姜维，密谋谋反。姜维立刻举双手赞同。

原来，姜维早就有了自己的小算盘：首先，利用钟会除掉魏国大将；接着，再除掉钟会，把皇上救回来……他还悄悄给刘禅写了一封信，信中说："陛下，您最近受委屈了。您先忍耐几天，我一定想办法复国，到时候，您依然是蜀汉的皇帝。"

钟会下定决心谋反后，就对士兵们说："司马昭杀了魏元帝（其实魏元帝曹奂在洛阳好好的，却被钟会说死了），太后命令我讨伐他！大家跟我上啊！"还将将士们软禁起来了。

他满以为这样，士兵们就会死心塌地跟着自己大干一场。谁知，士

兵们不但不听他的，还传出谣言，说钟会联合姜维，要把北方来的将士都杀光。

这下，士兵们不干了："你要杀我们，那我们就先杀了你！"于是军队发生哗变，士兵把钟会和姜维都杀了。

而邓艾最终也没有逃过一死，被魏军监军王瓘派人追杀，死于绵竹。

亡国之君刘禅：此处乐，不思蜀

蜀汉灭亡了，司马昭不放心让刘禅继续待在成都，叫人把他接到洛阳，以魏元帝的名义封他做了安乐公，好吃好喝地养着。

一天，司马昭特意摆了几桌丰盛的酒席，请刘禅和蜀汉的旧臣来赴宴，并叫来一班蜀汉的歌女表演歌舞。

蜀汉的旧臣一看到熟悉的舞蹈，眼泪差点儿当场就掉了下来，只有刘禅看得津津有味。

司马昭就问他："你想念蜀地吗？"

刘禅头摇得跟拨浪鼓似的："此处乐，不思蜀。"意思是，我在这里比在蜀地快活多了，我不想念蜀地。

一旁的蜀臣郤（xì）正听了，觉得刘禅真是不像话，回去就跟刘禅说："您不应该这么回答。下次

司马昭再问你，您应该一边哭，一边说：'我先人的坟墓都在那里，我怎么能不想念蜀地呢？'"

刘禅记住了。过了一段时间，司马昭果然又问他："现在，您想念蜀汉吗？"

刘禅就一边挤眼泪，一边说："我先人的坟墓都在那里，我怎么能不想念蜀地呢？"

司马昭一听，这不像是刘禅说的话啊，就说："这话，是郤正教你的吧。"

"呀，就是他教我的，你是怎么知道的？"刘禅也不哭了，瞪着一双眼睛，惊讶地望着司马昭。

这下，司马昭和左右大臣全都笑开了。司马昭心想：这刘禅果然是傻。从此以后，就再也不防备他了。

蜀官赵侍卫

我大胆猜测一下，刘禅其实并不傻，他只是在司马昭面前装傻。蜀汉虽然亡了，但司马昭对刘禅并不放心。他故意让人表演蜀汉的歌舞，问刘禅是否想念蜀汉，其实都是在试探刘禅的态度。这时候，刘禅决不能表现出思念故土的样子，否则，定会遭到司马昭的毒手。所以，刘禅就故意装傻，打消了司马昭对他的疑虑。

书生王某

"此处乐，不思蜀"。刘禅这句没心没肺的话，让他死去的老爸刘备，以及丞相诸葛亮情何以堪哪！扶不起的阿斗，果然是扶不起的阿斗啊。

如果真像赵兄说的那样，那刘禅不仅不是一个乐不思蜀的草包，还是一个大大的聪明人呢。不过，这也只是你的猜测，事实究竟是怎样，恐怕也只有刘禅自己知道了。

书生张某

西晋统一天下，和平终于到来

公元 265 年，司马昭突然中风死了，他的儿子司马炎接过他的权力后，想当皇帝，就迫不及待地逼魏元帝曹奂退了位（当年魏王曹丕让汉帝禅让退位，如今司马炎以同样的手段让魏元帝禅让退位，历史总是惊人的相似），改国号为晋（史称西晋），定都洛阳，史称晋武帝。

曾经叱咤风云的三国，蜀汉被魏国所灭，魏国被西晋取代，最后只剩下势单力薄的吴国。而吴国的皇帝孙皓（孙权的孙子），刚开始的时候还算个明君，开粮仓救济百姓、将多余的宫女放出宫……可是皇帝的位置坐久了，坐舒服了，孙皓就变得残暴起来。他拿着百姓的血汗钱建豪华宫殿，整天吃喝玩乐，还喜欢用一些酷刑，比如挖眼睛、剥脸皮来折磨人。

在这个昏君的治理下，东吴的国力越来越衰弱，将士们常常领不到军饷，甚至连饭也吃不饱。所以，公元 279 年，当晋军打进来，还给他们送酒送肉时，东吴轻而易举地就被打败了。

可笑的是，孙皓居然学蜀汉的刘禅，把衣服一脱，叫人将自己的双手反绑了，带着东吴的百官投了降。

这一年是公元 280 年，三国中的最后一个国家——东吴也被西晋灭了。混乱的三国时代宣告结束，西晋统一了天下，百姓盼望已久的和平终于到来。

被部下抢了军功

编辑老师：

你们好！

我是王浑，你们应该听说过我的名字吧。在消灭东吴的战争中，我可是立下了数不清的战功啊！

后来，东吴的皇帝孙皓被我打怕了，就让人写了一封信给我，说愿意向我投降。我高高兴兴地领着兵，去石头城受降。没想到，我的部下王浚不听我指挥，抢在我前头攻下了石头城，结果孙皓向他投降了，真是气死我了！！！

我已经向皇上上奏治他的罪了。我还想贵报能刊登一个广告，告诉天下人，王浚这个混蛋他抢了我的功劳！

王浑

王浑将军：

您好！

您跟王浚之间的矛盾，我们也听说过一些。不过，您要让皇帝治王浚的罪，我们并不赞同您的做法。

听说，你们一起攻打建业时，王浚本来就比您先到。进攻石头城之前，他派人给您捎了个话，说现在风向对自己有利，就不等你了。我们认为，王浚也没做错什么。在面对敌人时，最重要的是先打垮敌人，不是吗？

王浑将军，我们不得不劝您一句，做人气量不要太狭小，不然，天下人会笑话您的。

报社编辑

以茶代酒的由来

在酒桌上，有人要是不胜酒力，常常会说这么一句话："以茶代酒，以茶代酒。"这还与暴君孙皓有关。

孙皓在位的时候，经常大摆酒席，宴请群臣，一喝就是一整天。他还规定，在座的大臣必须要给足他这个皇帝的面子，每人至少要喝7升酒。喝不下的，孙皓就派人将酒强行灌到大臣口中。

不过，大臣中有一个叫韦曜（yào）的，却得到了孙皓的特别"优待"。

孙皓平时很欣赏韦曜，他知道韦曜酒量很小，怕他喝多了出洋相，就暗中叫人将韦曜面前的酒换成了茶，以茶代酒。

那咱们就喝茶吧！

不过，韦曜这人在酒桌上可以作弊，在工作上却一是一，二是二，一点也不含糊。孙皓想让韦曜把自己父亲孙和的传记定为"纪"（皇帝的传记），但韦曜表示孙和不曾登基，应该用"传"。类似的事情不止一件，终于惹怒了孙皓，韦曜被处死了。

韦曜虽然最终死在了暴君孙皓手中，但"以茶代酒"的故事却流传开来，成了一段佳话。

大嘴记者

特约嘉宾：司马炎

身份：晋武帝

大：大嘴记者　司：司马炎

大：皇上您好，您结束了这几十年的战乱，统一天下，使百姓过上和平安宁的日子，真是劳苦功高、功不可没、功高盖世啊。

司：嘿，你这记者，一上来就拍马屁。不过，拍得我心里挺舒服的，嘿嘿。

大（拍舒服了才好采访不是）：请问晋国统一天下后，您打算怎么对待蜀国和吴国的旧臣呢？

司：嗯……按理说，是应该杀掉的。

大（流汗）：那个，皇上，不杀行不行？

司：哈哈，逗你玩呢。你放心吧，我不但不会杀他们，还会让他们继续当官，为我们大晋王朝建功立业。

大：就是就是，杀人多不好，更何况这些年打仗已经死了好多人，国家人口剧减哪！

司：唉，你说的没错，这些年来，战争导致人口剧减，经济衰败。你看我的老家河内郡温县，人口只有原来的几十分之一了。我那些乡亲，不是战死了，就是饿死了、病死了。所以我得赶紧想办法增加中原的人口，发展中原的经济。

大：那您想到什么好办法了吗？

司：最直接的办法，就是从蜀地和江东地区招些百姓过来，先发展中原的经济，再让中原的经济带动全国的经济。

大：不错，是个好办法，可是，那些百姓愿意离开自己的家乡来中原吗？

司：当然，朝廷有优惠政策，如凡是愿意迁到中原来的百姓，一律免徭役 20 年。

大：哇，真不错，说得我都有点儿心动了。

司：还打算设立一个"常平仓"，丰年的时候，就大量购买粮食；荒年的时候，再把这些粮食拿出来，按市价卖给老百姓。这样就不会出现粮价高得离谱，百姓买不起粮食的状况了。

大：哇，越说越心动。相信过不了多久，中原地区就会繁荣昌盛啊。

司：要不，记者你也搬到中原来？我给你封个官当当。对了，你老家是哪里的？

大：我老家很远很远，跟你们这儿不仅有空间上的距离，还有时间上的距离……好了，这期采访就到此结束了，我们下期再见。

司：哎，你别跑啊，你还没告诉我你老家在哪儿呢……真没礼貌！

广 告 铺

福满酒楼一律三折

为了庆祝全国统一，本酒楼从今天起菜肴一律三折优惠，外送每位客人小菜一碟、汾酒二两，活动截止日期是下月初十。不论是新顾客，还是老顾客，福满酒楼随时欢迎您的惠顾。

福满酒楼

迎接士兵回家

仗打完了，士兵也该回家了。昨天军方传来消息，我们匡村大部分外出打仗的男丁，将于明天正午回村。请各家各户做好迎接的准备吧。

匡村委员会

征婚启事

由于战争连连，人口不断减少，为了增加中原地区的人口，晋武帝下令，凡是17岁的女孩一定要出嫁，不出嫁的就由官府找婆家。我家女儿年方16岁，容貌端庄，诗词书画样样精通，眼看她再差2个月就要满17岁了，要是还未找到婆家，就要被官府随便许给别人了。哪家的公子现在尚未婚配，请前来应征。情况属实，非诚勿扰。

十八里铺8号

第**6**期

〖公元 208 年—公元 280 年〗

三国人物特刊

穿越必读▶

　　乱世出英雄。三国是一个极其混乱的年代，也是一个英雄辈出的年代。有刮骨不皱眉头的关羽；有用狮子吼吓死敌人的张飞；有单枪匹马闯入敌阵的赵子龙……他们每一个都是顶天立地的英雄，每一个人都足以名垂千古！

追忆战争中的英雄

在前四期报纸中，我们报道了一系列的三国新闻，有精彩纷呈的三国之争，有惊心动魄的宫廷阴谋，也有帝王将相们的八卦事儿……

这些天，有很多读者纷纷来信，说三国的故事还没看够，希望我们报社再加一期内容。尤其是张飞、赵子龙、张辽等三国英雄的粉丝们，在信中十分不满地指出，他们竟在前四期报纸中找不到偶像的相关新闻，就算有，也是一笔带过。

对此，本报社表示深深的歉意。因为报纸版面有限，而三国的重大新闻太多，所以有些地方报道得不够详细，请读者谅解。

为了弥补读者的遗憾，也为了表示我们的诚意，我们特意做了这期特刊,追忆战争中的英雄,以飨（xiǎng）读者。

来自各位读者的信哦！

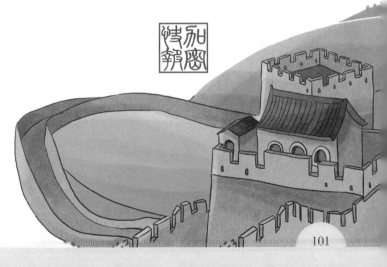

神人关羽，刮骨手术不皱眉

关羽是刘备的得力武将，他个头高得吓人，胡子也长得惊人。他的胡子不仅长，还很整齐、漂亮，因此大家又叫他"美髯公"。

关羽武艺高强，胆子也特别大。在战场上，他常常手拿青龙偃月刀，像砍西瓜一样砍下敌军首领的头颅。

在一次战争中，关羽不小心中了敌军的毒箭。当时，箭头将他整个左臂都射穿了。关羽没怎么在意，将箭头拔下来就扔了。后来，伤口慢慢愈合，可不知怎么回事，一到阴雨天气，他的左臂就隐隐作痛。

名医华佗听到这个消息后，主动找上门来，给关羽疗伤。他说："这是箭上的毒药浸入了骨头，必须尽早治疗，不然这只手臂就残废了。"

关羽问："那要怎么治呢？"

华佗回答说："我要将你的肌肤割开，用刀子将你骨头上的毒刮下来。"

用刀子刮骨头？这不是开玩笑吧？周围的人吓了一大跳，关羽却笑着说："那就有劳大夫了，现在开始吧。"

华佗摇摇头，说："刮骨的过程太痛苦了，我必须先把你的眼睛蒙上，再把你的左臂吊起来，用绳子捆紧，免得你挣脱了。"

关羽将手臂一伸："不用了，你尽管治吧！"

华佗弄来一个大盆接在下面，一刀下去，鲜血汩汩地流

　　进盆里。刀子刮在骨头上"咔咔"地响，周围的人听了，捂住眼睛都不敢看。关羽自己却像个没事人似的，和人喝酒聊天，眉头都不皱一下。

　　完成手术后，华佗忍不住说道："将军你真是个神人啊！"

张飞狮子吼，吓死夏侯杰

张飞，字翼德，也是刘备的得力干将之一。他这人长得虎背熊腰，嗓门也特别大。

当年，曹操率领几十万大军南征襄阳时，刘备被打得落花流水，仓皇逃命。逃到长坂桥以东20里的地方，眼看就要被曹军追上了。在这万分紧急的关头，张飞主动请缨，要求带着一支骑兵去断后。

张飞来到长坂桥，发现周围有一片茂密的树林，眼珠一转，想了个好办法。他让骑兵们将树枝砍下来，绑在马尾上，然后叫他们骑着马在树林里来回奔跑，扬起大片的尘土。

张飞自己来到桥头，手里拿着丈八蛇矛，竖着眉，瞪着眼，威风

凛凛地站在那里等曹操。没一会儿，曹操就领着大军赶到了。他往张飞身后一看，只见漫天尘土飞扬，心里有些打鼓：这是怎么回事？难道树林里有伏兵？于是让士兵停下来，不敢贸然出击。

张飞大吼一声："我就是张翼德！谁敢与我决一死战！"他这一声吼，简直是惊天动地，吓得曹军大气都不敢出。

曹操嘱咐将领们说："关羽曾经跟我说过，他的三弟张飞在万军之中取敌方将领的脑袋，就好像囊中取物一样简单，你们可要小心了。"他不说还好，一说更是把这些将领们吓得不轻。

张飞见曹操他们嘀嘀咕咕地不知在说什么，心里有些不耐烦，又大吼一声："我就是张飞张翼德！谁敢与我决一死战！"他的声音简直将山谷都震动了，曹军吓得魂飞魄散，恨不得丢掉武器，转头逃跑。

曹操也有些害怕，想退兵算了，可又不甘心：到底是打还是不打呢？

张飞趁机又大吼一声："打又不打，退又不退！到底想怎么样！"张飞一吼完，只听"扑通"一声，曹操身边的夏侯杰吓得肝胆欲裂，从马背上摔了下来。几个士兵赶紧去扶他，谁知这一扶发现，夏侯杰已经没气了。

曹操大惊失色，调转马头就跑。见领头的都跑了，曹军一窝蜂拔腿就往回跑，武器盔甲丢了一地。张飞这才松了口气，回去和刘备他们会合去了。

赵子龙单枪匹马救阿斗

除了关羽和张飞，刘备手下还有一员猛将叫赵云，字子龙。

话说刘备被曹操追过长坂坡后，有人发现，赵子龙不见了。赵子龙身边一个将领跟跟跄跄地跑过来，报告说："主公，赵子龙造反了，他投奔曹操去啦！"

刘备呵斥道："胡说八道，子龙跟了我这么多年，怎么会造反！"

刘备说得没错，赵子龙往曹军那边跑，不是去投降，而是去找刘备失散的老婆孩子。赵子龙一面和曹军厮杀，一面打听糜夫人和刘禅（阿斗）的下落。有个过路人告诉他："糜夫人左腿中枪，跑不动了，正抱着阿斗在那面破墙后边哭呢。"

赵子龙赶紧跑过去，果然看到了糜夫人和阿斗。赵子龙请他们娘

俩上马，要护送他们回去。可身受重伤的糜夫人不愿意拖累他，把阿斗交到他手里，就投井自杀了。

赵子龙伤心地埋葬了糜夫人，背着阿斗往回赶。一路上到处埋伏着曹操的兵马，赵子龙毫不畏惧，拔出青釭（gāng）剑，杀开一条血路。

山顶的曹操见了，大吃一惊：这是什么人？竟然这么厉害！于是朝山下大喊："将军请留下姓名！"

"常山赵子龙！"赵子龙回答。

曹操点点头，吩咐将士："不许放箭，我要活的。"可惜曹军一阵手忙脚乱，活的没捉到，反倒让赵子龙一路杀回去了。

刘备见赵子龙抱着阿斗，气喘吁吁地赶回来，浑身都是伤，不禁失声痛哭。

赵子龙却跪下来，哭着说道："子龙罪该万死，没能带回糜夫人。刚才公子还在我怀里哭，现在也不哭了，多半是不能活了。"

众人七手八脚地围过来，将襁褓解开一看，发现阿斗只是睡着了。赵子龙大喜过望，说："公子没事就好。"说着将阿斗递给刘备。

刘备接过阿斗，气愤地将孩子摔在地上，说："就为了这小子，我差点损失了一员大将！"

士别三日，当刮目相看

吕蒙是东吴名将，他武艺高强，作战勇猛，为东吴立下不少战功。不过，吕蒙虽然军事才能不错，却没什么文化。

一次，孙权对他说："你现在身居要职，要多读点书，让自己不断进步才行。"

吕蒙不以为然，说："主公，我忙得很，没时间读书。"

孙权只好耐心地劝他："我没指望你去钻研那些经书，做大学问。只是想让你多看一些兵法，长点儿见识罢了。你说你忙，可你有我忙吗？我年轻的时候，就读过《诗经》《尚书》《礼记》《左传》《国语》，执政以后，又读了《史记》《汉书》《东观汉记》和一些兵法书籍，读完后觉得很有收获。你也回去读读。"

吕蒙见孙权说得苦口婆心，就答应下来了。回去后，他找来一大堆兵法，一有空就认真研究。

过了一段时间，鲁肃经过吕蒙的驻地，出于礼貌就来看望他（其实鲁肃原本不怎么想来的，你想想，跟一个只会打打杀杀的武将有什么话好谈呢）。

吕蒙热情地招待了鲁肃。在酒桌上，吕蒙侃侃而谈，分析起天下

形势来头头是道，听得鲁肃张大嘴巴，震惊不已。

　　吕蒙讲完之后，鲁肃对他非常敬佩："老弟，你现在学识出众，不再是以前那个吴下阿蒙了。"

　　吕蒙也挺赞同，就说："士别三日，当刮目相看嘛（意思是，人是不断进步的，你过几天再来看一个人，就应该换一种眼光了）。"

叔叔死得真冤枉

编辑老师：

你们好！

我给你们写信，是想为我叔叔鸣不平。我叔叔叫许攸，原本是袁绍的谋士，后来投奔了曹操。那是一个夜黑风高的晚上，曹操听说我叔叔来了，高兴得连鞋子都没穿，披着衣服就跑出来迎接。

后来，我叔叔用引水淹城的办法，帮曹操打下了袁绍的老巢冀州，可刚进入冀州没几天，我叔叔就被曹操的大将许褚杀掉了。我怀疑，是曹操指使许褚杀了我叔叔。曹操过河拆桥也太快了吧，我叔叔真是死得冤啊。

许某

许某：

你好！

其实，事情并不像你想的那样。你叔叔这人太居功自傲了，攻下冀州城后，他竟然对曹操大嚷："阿瞒（曹操的小字），要是没有我，你们这些人怎么能进这座城！"

过了几天，你叔叔又对许褚大嚷："没有我，你们这些人怎么能进这座城！"许褚没曹操那么好脾气，就说："要不是我们拼死血战，哪轮得到你说这种话。"谁知你叔叔还不知趣，竟说："你们只不过是些匹夫罢了！"这可彻底惹恼了许褚，他一气之下，就把你叔叔杀掉了。

说你叔叔死得冤，其实也不冤，他要不是太过狂妄，怎么会招来杀身之祸呢？

报社编辑

测字大师庞统

庞统是刘备手下的著名谋士，人称"凤雏先生"，与"卧龙先生"诸葛亮齐名，只可惜他死得早了点。

据说庞统年轻的时候，在襄阳城摆了个地摊，专门给人测字，由于测得极准，名气渐渐传播开来。

刘表听说后，化装成一个老百姓的模样，也来找庞统测字。

庞统说："你先写个字吧。"

刘表拿起笔，写了个"人"字，问："那你就来测测，我是个什么样的人。"

庞统看了看那个字，说："你肯定是个大官。"

刘表吓了一跳，心想：真的这么灵验？他有些不服气，就回去找了个随从，拉到庞统跟前，问："那你来测测他是什么人？"

随从也在手心里写了个"人"字，庞统看了看，对刘表说："这人肯定是你的随从。"刘表傻眼了，可心里还是不服气。他又跑回去，从监狱里拉了个囚犯出来，让人给他穿上官服，带上官帽，用八抬大轿抬到庞统面前。

囚犯下了轿，说："来，给我测个'人'字。"

庞统开口就说："虽然你穿着官服，可我看你是个囚犯。"

囚犯回去禀告后，刘表目瞪口呆，可他还想再试试庞统，就找来一个乞丐，给他换上一身好衣服，让他去找刘表测字。

乞丐拿着一根棍子，在地上写了个"人"字。

庞统说看了看字，又看了看人，最后说："你是个乞丐。"

刘表这下对庞统佩服得五体投地，他好奇地问："先生是怎么测出来的？"

庞统笑了笑说："不同身份的人，不仅外貌神情不同，写出来的字也不同。你一身富态，'人'字写得气势非凡，所以我推测你是个大官；第二个人对你唯唯诺诺，'人'字写在手心里，手背为上，手心为下，所以我推测他是你的随从；第三个人穿着官服却一脸菜色，'人'字是用嘴巴说的，'人'在'口'中不正是'囚'字吗？第四个人长得瘦骨嶙峋，又用棍子在地上写了个细细的'人'字，很容易就能判定他是个乞丐。"

刘表嘴里对庞统赞不绝口，心里却想：这年轻人真是太厉害了，留在外面肯定是个祸害，所以琢磨着找个机会把庞统抓起来。庞统听到了风声，赶紧找了个地方躲起来，直到后来投靠刘备。

钟会：吓得不敢出汗

魏国大臣钟繇（yóu）有好几个儿子，个个都是人中之杰。他的大儿子钟毓（yù）14岁就成了散骑侍郎，远近闻名。不过，最厉害的还是他的小儿子钟会。钟会是魏国著名的谋士、将领，在战争中，他总是出奇制胜，被人比作西汉时的谋士张良。

钟会在很小的时候，就表现出了不同于一般人的气魄。有一次，魏国大官蒋济来钟繇家做客，小钟会见了他，并不像别人一样诚惶诚恐，而是礼数周到，落落大方。

蒋济很吃惊，就对钟繇说："你这个儿子将来一定有大出息，你看他眼睛，一点儿也不怯场。"

又有一次，钟繇领着钟毓和钟会去拜见魏文帝曹丕。钟毓从来没有见过皇上，一见天子的威严，吓得冒了一身的汗。

曹丕见他额头上汗如雨下，就问："钟毓，你怎么出了那么多汗啊？"

钟毓用发抖的声音回答说："皇上天威，臣战战兢兢，吓得出了一身汗。"

曹丕笑了笑，再看了看钟会，见他一副若无其事的样子，问："钟会，你怎么不出汗呢？"

钟会想：不就是见了皇上吗，又不是什么大不了的事情，我干嘛要出汗？不过，这话想想可以，可不能说出来。于是他脑筋一转，就学着哥哥的语气说："皇上天威，臣战战兢兢，吓得不敢出汗。"

曹丕听了哈哈大笑，对钟繇说："你这个儿子真不错啊。"

前几天，我和一个很久不见的老朋友聊天。朋友说，他走南闯北这些年，见过不少名人。我最崇拜的是蜀汉猛将张飞，就问他见过张飞没。结果，他说，他不仅见过张飞，还和他说过话呢。我一听特激动，就问他张飞长得什么样。他只说了一个字——帅！

当时，我还以为朋友在跟我开玩笑呢。可是朋友以人格担保，他绝对没有骗我。天啊，这简直是我听过的最令人震惊的消息了！之前，我一直以为，自己的偶像是个满脸络腮胡须的彪形大汉呢。没想到，他竟然还是个美男子啊！

茶馆老板娘

某说书先生

这两天我闲着没事，给蜀国的五虎将：关羽、张飞、马超、赵云、黄忠，排了个榜。大家听听我说得对不对：

论寿命，黄忠排第一，因为他活了 75 岁；论武功，张飞排第一，这个大家有目共睹；论道德，毋庸置疑，赵云排第一；论统帅能力，关羽排第一；论相貌，马超排第一。

汉国有五虎将，魏国也有五大良将，知道是哪五大良将吗？哈，告诉你们吧，他们就是张辽、乐进、于禁、张郃和徐晃。

打杂小厮

身份：魏国第一名将

大：大嘴记者　张：张辽

大： 张辽将军好，天下人认为，在曹操的五大良将中，您排第一名。对于这种说法，您自己怎么看？

张： 呵呵，我没什么看法，大家愿意怎么说就怎么说吧。

大： 好的，下面您就跟我们谈谈，您是怎么一步一步成为名将的，好吗？

张： 行，从我年轻那会儿说起吧。那还是东汉末年，我在郡里做了个小官。因为我力气大，刺史就派我带兵去京城。后来，我跟了大将军何进。何进垮了台，我就跟了董卓；董卓被吕布杀了，我就跟了吕布；吕布被曹操打败了……

大： 您就跟了曹操。

张： 嘿嘿，没错。我跟着曹操讨伐袁绍，平定河北，征讨荆州，大战孙权……总之，打了很多很多仗。

大： 也立下了很多很多战功。听说在合肥之战中，您率领区区八百个勇士，就打败了孙权的十万大军，还差点儿把孙权活捉了。

张： 嗯，是有这回事，不过没你说的那么夸张。真实的情况是这样的，那年，孙权领着十万大军围困合肥，当时，我和另外几个将军正驻守在合肥，手里只有7000人，而主公又率军西征去了，一时半会儿没办法派援军过来，所以情况十分危急。

大：所以……

张：所以，我认为不能干坐着等援军，不然援军还没到，合肥就失守了。我们得趁吴军还没站稳脚跟，主动出击。

大：7000人就敢跟10万大军叫板，不愧是魏国第一名将。

张：我领着800名精兵，杀进吴国的先锋部队，从早晨一直杀到中午，狠狠地挫伤了他们的锐气。再后来，主要是老天爷帮我，孙权的军队染上了瘟疫，就退兵了。

大：不管怎样，那一仗您还是打得非常漂亮。从那以后，张辽这两个字威震江东。据说，吴国的孩子要是哭个不停，母亲只要跟他说，张辽来了，孩子马上就不敢哭了。

张：……

大：魏国第一名将的称号，您是当之无愧呀。

张：过奖过奖！

大：嘿嘿，好了，今天的采访就到这里了。谢谢您的参与，再见。

广 告 铺

买"名兵器"，到仿仿仿兵器铺

本店是一家专门仿制名兵器的店铺，从本店卖出的仿品，几乎可以以假乱真，质量绝对上乘，一直深受顾客好评。

这里有青龙偃月刀、丈八蛇矛，有方天画戟、倚天剑、龙胆枪……当世的名兵器，我们是应有尽有。即使没有，只要你给出草图，我们可以在最短的时间内为您打造！

什么？您想要真品，不要仿品，没问题，拿10万两白银，10万名精兵，我们替您去抢过来。哈哈，开玩笑啦！买"名兵器"，请记得仿仿仿兵器铺！

陈铁匠

《三国英雄画册》即将出炉

为了打造一套精美的《三国英雄画册》我们使用了最好的纸张，请了最好的雕刻匠，以及最好的雕版印刷工。这套《三国英雄画册》中，齐聚魏、汉、吴所有的英雄人物。每一个人物都惟妙惟肖，每一个人物都与英雄本人绝对切合。

《三国英雄画册》将于下月初一出炉，每本画册仅售50文，绝对实惠。喜欢英雄的朋友，崇拜英雄的朋友，到时候可千万不要错过哦。

龙膳书肆

智者第2关

1. "司马昭之心，路人皆知"是什么意思？

2. 刘备曾经因为哪位大将，将儿子刘禅摔在了地上？

3. 在长坂坡将曹军吓退的是谁？

4. 蜀国的五虎将分别是谁？

5. 魏国第一名将指的是谁？

6. "士别三日，当刮目相看"指的是三国中的哪一个人？

7. 如果有人被形容成"扶不起的阿斗"，是什么意思？

8. 三国中最早被灭亡的国家是哪一个？是被谁灭亡的？

9. 三国中最后被灭亡的国家是哪一个？是被谁灭亡的？

10. 东吴的最后一位皇帝是谁？他是个怎样的皇帝？

11. 是谁偷袭成都，直接导致蜀汉灭亡？

12. "乐不思蜀"是什么意思？

13. 西晋在哪一年统一全国？

智者无敌　王者为大

第 **7** 期

〖公元 280 年—公元 289 年〗

先明后暗的
太康之治

穿越必读 ▶

　　晋武帝司马炎建立晋朝后，花了 15 年的时间，统一了三国，结束了长达近百年的分裂局面。之后的 10 年，是西晋相对繁荣稳定的时期，社会经济有了较大的发展，历史上称其为"太康之治"。

太康之治，国内形势一片大好

——来自洛阳的加密快报

晋武帝统一全国后，天下倒是太平了，可是经济依然落后，很多老百姓都过着穷苦的日子。百姓们想依靠自己勤劳的双手脱贫致富，可国家的田地都被一些贵族、官僚占领着，该怎么办呢？

晋武帝看到这种情况，就采取了一系列的相关措施。他根据人口的年龄和性别，把百姓们分成组，再将全国的土地分摊到个人。男人得到的土地多，女人得到的土地少一些；壮劳力得到的土地多，老人小孩得到的土地少一些。交税的时候，土地多的多交税，土地少的少交税。

这样，就保证全国的百姓都有田可以耕，有地可以种。没过几年，全国经济就发展起来了。

晋武帝还派人开垦荒地，兴修水利，灌溉农田，在他的英明领导下，国家变得越来越繁荣，国库收入年年增加，人口数量年年增长，国内形势一片大好。由于晋武帝统一天下后的年号为"太康"，因此这段时期被人们称作"太康之治"。

来自洛阳的加密快报！

晋武帝卖官，被指责不如汉桓帝

晋武帝在统治前期，还算一个英明的皇帝，可到了后期，他却渐渐变得昏庸起来。他带头过起了奢华无度的生活。可是，皇宫里没有那么多钱供他挥霍，这怎么办呢？于是，他想到了卖官！

晋武帝的原则是：只要你有钱，哪怕你是个文盲，也能买个官当当。

一些大臣们对皇帝的荒唐行为很不满，经常找机会劝谏。有一次，晋武帝问一个叫刘毅的大臣："刘毅啊，你觉得我可以跟汉朝的哪个皇帝相比？"

晋武帝这是在给刘毅拍马屁的机会呢。谁知，刘毅偏偏跟他对着干："皇上，我觉得您可以和桓帝、灵帝比。"

晋武帝一听有些恼火，桓帝、灵帝可是两个出了名的昏君："刘毅，你给我说清楚，我怎么会和他们两个一样呢？"

刘毅存心跟皇帝过不去："您当然跟他们不一样了。当年桓帝卖了官，还知道把钱存在国库里；您卖了官，钱却留下来自己享受了。这么看来，您还不如他们两个呢。"

晋武帝被他一番话说得哑口无言。过了半天，晋武帝才尴尬地笑了笑，说："嘿嘿，你说得很有道理。不过，当年桓帝身边可没有像你这样既正直，又敢说真话的人。看来，我的情况还是比他好一些啊。"

石崇PK王恺，到底谁家更有钱

连皇帝都这么贪财，达官贵人就更不用说了。据说他们最时髦的玩法就是——斗富！也就是比谁家里更有钱。斗富斗得最厉害的是哪两位呢？如果你去洛阳街头一问，大家肯定会异口同声地告诉你，是石崇和王恺。

石崇是有名的大富豪，王恺是晋武帝的舅父。一次，石崇听说王恺家里洗锅用的都是糖水，心里很不服气，就吩咐厨房里的仆人，以后烧饭不许用柴火，要用蜡烛。

王恺一听石崇要跟他斗富，马上就来劲了。为了证明自己家里更有钱，他买了大量紫丝布屏障，从家门口一直挂到了 40 里开外的地方。石崇知道后，就在自己家门前挂了 50 里锦步障，比王恺家门前的更豪华、更壮观。

王恺一连输了两场，急了，就找来外甥，也就是晋武帝帮忙。晋武

帝为了给舅父加油打气，就把宫里一株两尺高的珊瑚树赐给他，让他拿去显摆。

王恺兴冲冲地捧着珊瑚树回家，迫不及待地摆了一场宴席，邀请石崇和一些大官来他家吃饭。大家吃得正高兴的时候，王恺将宝贝珊瑚树捧了出来，饭桌上立刻响起一片惊呼声。

石崇看了看，不以为然，顺手拿起一个铁如意，"哐当"一声，就把珊瑚树敲碎了。王恺心疼得不得了，抓住石崇的衣领要找他算账。

石崇却慢条斯理地说："这种树我家里多的是，赔一个给你就是了。"然后叫仆人

去家里搬树。不一会儿，仆人搬来了十几棵闪闪发光的珊瑚树，每棵都被比王恺的大。最大的那棵，竟然比王恺的大了一倍以上。

这时，大家看得目瞪口呆。王恺这才发现，石崇比自己有钱多了，只好垂头丧气地认输。

·······················给赵老板的回复

编辑老师：

你们好！

昨天我很荣幸地受到石崇的邀请，去他家做客。回来后，有几个问题我怎么也想不通，想向你们请教。

①大家都知道，豆粥很难熬。可是石崇家的仆人，却能在一炷香的时间里，熬好一锅热气腾腾的豆粥！

②现在是寒冬腊月，韭菜早就没了。可在昨天的餐桌上，我们分明看到碟子里有绿莹莹的韭菜末。

③还有，石崇每次和王恺一起乘牛车出去，石家的牛总比王家的牛跑得快。这到底是怎么回事？难道人有钱，连牛都会卖力一点儿吗？

赵老板

赵老板：

您好！

关于这 3 个问题，现在，我们来一一给您作答。

①石崇家的仆人早就把豆子煮熟，磨成了粉。要喝的时候，只要把豆粉放进白粥里就行了。

②你们在餐桌上看到根本就不是韭菜，而是掺了碎韭菜根的麦苗。

③石崇家的牛跑得快，是因为赶牛人的技术好。他不给牛施加压力，让牛儿撒开脚丫子跑，当然跑得快啦。

报社编辑

报社编辑部

哈哈，我有钱！

哈哈，我更有钱！

去找外甥帮忙。

舅舅啊，算了吧，咱斗不过人家。

听说，石崇请人吃饭的时候，给每个客人配一个陪酒的美女。如果客人不喝酒，他就当场把那个美女杀掉，换第二个；客人如果还是不喝，他就杀掉第二个美女，换第三个……直到客人喝酒为止。

唉，这个石崇，用为富不仁来形容他，真是再贴切不过了。

菜贩王老三

当铺伙计赵六

王老三说的话千真万确。有一次，石崇请丞相王导和大将军王敦去他家喝酒。王导本来不喜欢与石崇喝酒，但怕石崇杀人，只好勉强把美人倒的酒全都喝了。可王敦就不买账，他本来挺能喝的，这次偏偏一杯都不喝，害得石崇一连杀了三位美人。

王导责问王敦为什么不喝酒，王敦却说，他石崇杀他自己的人，关我们什么事！

唉，在这些当官的面前，我们老百姓的命连一条狗都不如。

这些有钱有权的人，整天吃饱了没事干，还喜欢聚在一起吹牛皮，专门吹一些不切实际的、玄幻的东西，还美其名曰——清谈。

你说，他们怎么就不谈谈国家大事，谈谈老百姓的日子过得多苦呢？

铁匠朱八

太子是个低能儿

晋武帝虽然奢侈，但好歹是个头脑正常的皇帝，不至于做出太过荒唐的事情来。而太子司马衷却是个彻头彻尾的低能儿。大臣们整天忧心忡忡：哪天皇上一死，太子一登基，那我们不就得侍奉一个白痴皇帝吗？那比侍候刘阿斗还不如。想想都叫人绝望。

大臣们想劝皇帝废了这个太子，立个正常点的太子，可又不敢明着说。毕竟废立太子不是件小事，弄不好就要杀头的啊。于是，大臣只好暗中想办法。

一次，晋武帝举行宴会，大臣卫瓘（guàn）喝了几杯酒，壮了壮胆，踉踉跄跄走到皇帝面前，扶着皇帝的宝座说："真是可惜了啊，这么好的宝座……"他的意思是，这么好的宝座，却要让一个白痴来坐，真是可惜呀。

晋武帝听出他话里的意思，却假装糊涂："卫瓘啊，我看你是喝醉了，要不我让人送你回家吧。"说着，就叫人把卫瓘架走了。

从这以后，大家再也不敢提让皇帝另立太子的事了。

是谁导致洛阳纸贵

这段时间，洛阳的纸价格猛涨，比以前贵了好几倍。之前一刀纸只要千文，现在一刀纸动不动就卖到两千文、三千文，有些人甚至还跑到外地去买纸。这是怎么回事呢？原来这事是一个叫左思的人引起的。

左思出生在一个官宦之家，他身材矮小，面容痴呆，说话还结结巴巴。他的父亲左雍很看不起这个儿子，常常跟别人说："唉，我真后悔生了这么个不争气的东西。"左思成年后，父亲还是常跟别人说："我这个儿子虽然年纪不小了，可懂的知识和道理还没我小时候多呢。"

左思的自尊心大受打击，开始发奋读书。在读了东汉班固写的《两都赋》和张衡写的《两京赋》后，觉得他们虽然写出了东都洛阳和西都长安的气派，可文字虚而不实，于是他决定写一篇更加精彩的《三都赋》（三都，即三国时魏国、蜀国和吴国的都城）。

为了写好《三都赋》，左思查阅了大量的资料。他将自己关在房间里冥思苦想，呕心沥血，一写就是10年。10年后，《三都赋》终于问世了。

可是当他拿着自己的文章给别人看时，人们却不屑一顾。因为没有人相信，一个无名小卒竟能写好《三都赋》。

著名文学家陆机也想过写《三都赋》，他听说左思写在了自己前面，就挖苦说："我看那个不知天高地厚的家伙写的文章，只配给我盖酒坛子。"

左思很不甘心，拿着自己的文章，去找另一位著名文学家张华。张华没有蔑视他，认认真真地把《三都赋》看了一遍，结果越看越喜欢，拍手称赞说:"这真是千古难得一见的好文章啊!我一定要把它推荐给世人!"

于是,张华又把《三都赋》拿给另一位著名文学家皇甫(fǔ)谧(mì)看。皇甫谧也对这篇文章爱不释手,还亲自为它写了序言,又请来另外几个名人,为《三都赋》中《魏都赋》《蜀都赋》和《吴都赋》做注。

因为有众多名人的推荐,这篇文章很快在都城风靡开来。人们纷纷对它赞不绝口,就连陆机看了,也羞愧地说:"写得太好了,如果让我来写,未必写得比他好。"于是他决定停写《三都赋》。

由于《三都赋》在都城太流行了,人们纷纷争相传写,因此导致了洛阳纸贵的局面。

潘安出门遭突袭，只因长得太帅

天下事无奇不有。前些天，一个名叫潘安的男子在市场居然遭到突袭。奇怪的是，突袭他的人不是流氓，不是地痞，而是一群二八年华的少女。

这就怪了，这群少女为什么要突袭潘安？难道，潘安欠她们钱？潘安自己表示，他从没向谁借过钱；难道，这群少女与潘安有仇？这也不太可能，潘安这个人是谦谦君子，从没得罪过谁，更别说得罪这么一大群少女了。

在潘安这里找不到答案，记者只能去"凶手"那里询问。

经过一番采访，答案终于浮出水面。这是一个令所有人都哭笑不得的答案。原来，这群少女之所以突袭潘安，是因为潘安长得太帅，是所有少女心中的偶像。她们不知道怎么表达自己的爱慕之情，就将手里的桃子、杏子、西瓜一股脑地朝潘安砸过去，结果，就造成了潘安遭到突袭的假象。

潘安自己知道原因后，也哭笑不得。他表示，这群少女"粉丝"实在太热心了，如果以后她们还是这么疯狂，他都不敢再出门了。

大嘴记者

特约嘉宾：
石崇

身份：超级大富豪

大：大嘴记者　石：石崇

大：先生的富有早就如雷贯耳了，今日一见，果然名不虚传，这通身的气派，果然是跟我们穷人不一样啊。

石：只要努力，你也可以像我一样有钱的。

大：好的，我一定加油！只是今天约您来，我主要是想请您谈谈，您是怎么成为超级大富豪的呢？

石：那就从我的家世说起吧，我父亲叫石苞，是晋朝的开国元勋。他一共有六个儿子，我是最小的一个。父亲临死之前，把家产都分给了我们。

大（有些失望）：哦，难道您之所以成了富豪，是因为继承了父亲的遗产吗？

石：你觉得呢？

大（想了想）：不对呀，如果仅仅是继承了遗产，那您的五个兄弟应该跟您一样，都是超级大富豪呀，可我怎么没有听说过他们呢？

石：告诉你吧，当年我父亲分遗产的时候，一分钱也没留给我。我的钱都是后来靠自己的本事挣来的。

大：啊？这……究竟是怎么回事？

石：我父亲指着我说，这个儿子虽然小，但以后自己一定能挣出一份家业来。所以，他就没分我遗产。

大：看来，你父亲还真是未卜先知啊。那您是怎么挣出这么大一份家业的呢？

石：这个嘛，我以前不是当过城阳太守吗？后来我讨伐吴国立了功，又被封为安阳乡侯。

大：这个，和你成为大富豪有关系吗？哦，我知道了，你是想说，你的钱是当官的时候挣来的对吧。

石（含糊其辞）：嗯，差不多就是这个意思。

大：可是，官员的俸禄哪有这么高啊……莫非，你贪污受贿？

石：胡说！

大：那就是大肆搜刮百姓？

石：胡说！

大：那就是明火执仗，利用官威，抢劫过路的商人？

石：这个嘛，我说，你们这个报纸叫什么报来着？

大（嘀咕）：哼哼，倒是蛮会转移话题的，看来多半是猜对了。我们这是《穿越报》。对了，您这么有钱还这么招摇，就不怕惹来麻烦。

石：麻烦？什么麻烦？

大：人为财死，鸟为食亡。这句话您应该听说过吧。

石：有钱能使鬼推磨，只要我有钱，谁敢动我？

大：唉，既然这样，那您就好自为之吧。今天的采访就到这里，再见。

（后来，石崇在官场上失势，赵王司马伦找了个借口，派兵诛杀石崇。石崇在临死前感叹："这些人只不过是贪我的钱财罢了。"）

广 告 铺

远离五石散，远离毒品

这些年，一种叫"五石散"的药物在名人圈中非常流行。很多人都以为它是延年益寿的灵丹妙药，其实它是一种害人性命的催魂丸。本报社在这里强烈呼吁："请大家清醒一点，珍爱生命，远离五石散！"

江东酒肆

欢迎来富宝酒楼

本酒楼是一家专门为有钱人服务的酒楼，我们酒楼有一道连皇上吃了都赞不绝口的招牌菜：清蒸乳猪。这道菜的奇妙之处就是，小猪是用人乳喂养长大的，一般只有在驸马王济家才能吃得到。想尝尝人乳喂养的小猪到底有多美味吗？赶快来富宝酒楼吧。

富宝酒楼

驴友友情帖

驴友从此不用愁，简缩地图伴你游！尚书令裴秀在繁忙的工作之余，开创性地运用了一种简缩技术，用"一分为十里，一寸为百里"的比例尺，把一幅原本用几十匹绸子做的巨图缩画成了《地形方丈图》。这真是一个了不起的贡献。有了这种图，驴友们再也不用担心迷路了。友情提示：大家出门的时候，千万别忘了带一张"简缩地图"哦！

自由自在驴友会

第 8 期

〖公元 290 年—公元 306 年〗

八王之乱
闹哄哄

公元 290 年，晋武帝死后，即位的晋惠帝是个白痴皇帝。为了争夺皇权，从公元 290 年到公元 306 年这 16 年间，司马家的八个同姓王引发了一系列的内战，被称为"八王之乱"。

八王之乱耗尽了西晋的力量，严重破坏了社会经济，成为后来西晋灭亡的重要原因。

穿越必读

白痴皇帝闪亮登场

——来自洛阳的加密快报

这是公元290年。前不久，晋武帝病死了，他那呆头呆脑的儿子司马衷继承了皇位，称晋惠帝。

大家都知道，司马衷是个低能儿，他当太子的时候，大臣们就对他有满肚子的意见。这些，晋武帝不是不知道，可武帝为什么还是将皇位传给了太子呢？

原来，晋武帝在世的时候，也怀疑过太子的智商。有一次，他给太子布置了一个任务，让他处理几件公事。当然，并不是真的让他去处理，而是让他把处理的办法写在纸上。这下子可把太子难倒了。不过，太子傻，太子的老婆贾妃可不傻。贾妃请来一个有学问的师傅，让他给太子作答。

来自洛阳的加密快报！

可师傅写得太好了，交到皇帝那里，皇帝肯定不会相信呀。于是，贾妃又让太监故意把师傅的答案改得粗糙一点儿，再让太子照着答案，认认真真地抄了一遍，这才交上去。

晋武帝一看挺满意，我儿子也没那么傻嘛，看这卷子，回答得有板有眼的。于是，晋武帝就下定决心：就是这个儿子啦，就让他来继承我的皇位！

太子堕落了怎么办 ....

编辑老师：

你们好！

我是太子中舍人杜锡，你们知道，太子司马遹(yù)小时候非常聪慧乖巧，被众人所看好。可是他长大后，却完全变了个样。现在，他每天只知道喝酒、玩乐，还在宫里摆摊卖杂货！

我经常劝告他，要好好学习，天天向上。可是，他不但不听，还嫌我啰唆。有一次，他故意在我椅子上放了根针，我没注意，一屁股坐下去，扎得血流不止。

唉，我屁股被扎是小事，可太子再这么胡闹下去，可怎么了得啊。

杜锡

杜大人：

您好！

您屁股上的伤应该好些了吧。

唉，太子之所以会变成这样，都是贾皇后在背后搞鬼呀。皇后自己没有儿子，就忌恨别人生儿子，所以她一面将太子和他的亲生母亲分开，一面故意让人放松对太子的管教，并唆使他荒废学业，尽情玩乐。

要想让太子悬崖勒马，得从贾皇后那里下手才行。不过，皇后不是那么好对付的，你们可要多多小心。

报社编辑

心狠手辣贾皇后，杀二王除太子

谁说只有男人才有野心，有的女人一样野心勃勃。这不，晋惠帝的贾皇后为了争夺权力大开杀戒，一连杀了汝南王、楚王及太子。这究竟是怎么一回事，下面请听本报为您细细道来。

当初，武帝临死前，打算让国丈杨骏和汝南王司马亮一起辅佐太子。杨骏不愿意和司马亮分享权力，就趁武帝病得糊里糊涂的时候，把诏书改了，换成自己单独辅政。

公元290年，晋惠帝上台后，就知道吃喝玩乐，什么都不管。可贾皇后却多了个心眼。她怕杨骏权力过大，将来闹事儿，就找汝南王司马亮帮忙，又把在荆州的楚王司马玮（wěi）找来，随随便便给杨骏安了个造反的罪名，把他杀了。

杨骏一死，就换成了司马亮独自辅政。贾皇后又不乐意了，于是过河拆桥，假传圣旨，让楚王司马玮把司马亮也杀了。

按理说，贾皇后一连杀了两个辅政大臣，也该收手了。可她还是担心，司马玮将来不听她的话怎么办，于是再次过河拆桥，以私自杀害汝南王的罪名，把司马玮也弄死了。

好了好了，对手都清除干净了，贾皇后现在可以安心地专政了。

可是过了几年，太子司马遹渐渐长大了。这个太子不是贾皇后生的，贾皇后怕他将来对自己不利，又动起了坏心思。她以太子的口吻写了一封造反的信，再假惺惺地请太子来喝酒，趁太子喝得醉醺醺的时候，连哄带骗，让他照着那封信抄了一遍。

第二天，贾皇后把那封信拿出来给大臣们看，大臣看后吓了一跳，还真是太子亲手写的呀。可太子毕竟是太子，就算是谋反，也不能轻易杀掉啊。更何况，大家心里都明白，这多半是贾皇后在搞鬼呢。最后，大臣们经过讨论，决定把太子废掉，贬为普通老百姓。

但是，贾皇后还是不放心，太子一天不死，她就一天睡不着觉。这个心狠手辣的女人，派人把太子关起来，给他喂毒药吃。太子可没他父亲那么傻，知道毒药不能吃，死活不张口，后来竟然被人活活打死了。

八王之乱闹哄哄

当初，晋武帝认为，魏国之所以灭亡，是因为曹家人太大意，没有给自家人封王封爵，反而让权力落到了外人手里。所以晋武帝吸取教训，一口气封了二十七个同姓王！

可惜的是，武帝防住了外人，却没防住自家的子孙。由于他的白痴儿子理不了朝政，贾皇后又在宫里胡作非为，想弄死谁就弄死谁，大臣们背地里对贾皇后议论纷纷。

赵王司马伦趁势带兵闯进皇宫，说是奉了皇帝的命令，把贾皇后抓起来杀掉，接着又把晋惠帝软禁起来，自己做起了皇帝。这下子，其他的王不满了："你司马伦能做皇帝，我们为什么就不能做皇帝？"

于是，各个诸侯王为了争夺皇位，展开了一场场激烈的大混战。

先是齐王司马冏（jiǒng）带兵打进京，杀了赵王司马伦。接着，长

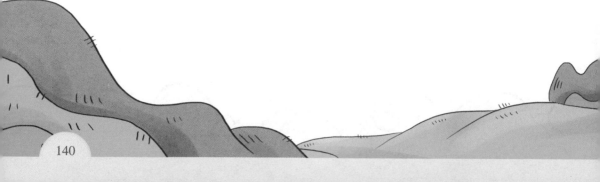

沙王司马乂（yì）打过来，杀了齐王司马冏。后来，河间王司马颙（yóng）杀了长沙王司马乂。再后来，东海王司马越又杀了河间王司马颙和成都王司马颖。

再加上之前被杀的汝南王司马亮和楚王司马玮，一共是八个诸侯王在这场动乱中丢了性命。人们将这八王为争夺权利展开的一系列混战，统称为"八王之乱"。

八王之乱一直打到公元306年才结束，前前后后共持续了16年，给老百姓带来了巨大的灾难，晋朝的国力也逐渐衰败，越来越多的老百姓逃往南方。

不久前，洛阳又传出消息，司马越毒死了晋惠帝，立惠帝的弟弟司马炽（chì）为皇帝（史称晋怀帝）。在这期间，匈奴等少数民族已经建立了独立的政权，其中刘渊在公元304年就开始称帝了。

哎，这些司马家的王，一个个为了权力真是什么都干得出来，今天晚辈打长辈，明天长辈打晚辈，什么骨肉亲情，什么伦理纲常，估计都被他们抛到九霄云外去了。

赵书生

刘书生

听说死得最惨的是长沙王，他落到了河间王的手下张方手里。这张方是个有名的杀人魔王，竟然把长沙王活活烧死了。

他们自相残杀也就算了，只可怜那些战死的士兵，还有那些被牵连处死的人，为了他们的野心葬送了性命。听说在讨伐赵王的战争中，死亡的士兵就达到了10万人。

黄书生

为了避祸，一位官员故意掉进厕所

据说八王之乱中，有个官员怕惹祸上身，竟然故意掉进厕所去了。这个笑话闹得有点儿大，可究竟是怎么回事呢？

原来，当年齐王司马冏夺位后，河间王和成都王联合起来讨伐他。司马冏急了，赶紧把官员召集在一起开大会。

会议上，有个官员说："河间王和成都王兵强马壮，我们打不过，还是回老家去吧。"

另一个官员火了："成都王他们这是在造反，我们应当派兵去讨伐，怎么能打都没打就灰溜溜地回去呢？这像什么话！再说，自古以来回去的王侯有几个能保住性命？连一家老小都逃不掉被灭口的下场！"

第一个官员慌了，额头上直冒冷汗。这事儿处理不好就要杀头啊！能不慌吗？

"哎呀，我肚子有点儿痛，得去趟厕所。你们继续讨论，不用管我。"官员跟身边的一个官

还有一个人呢？

员打了声招呼，一溜烟地朝厕所奔去。

会议继续进行，可大家都不说话了。官员们不是傻子，知道说错话了要杀头，所以干脆闭嘴装哑巴。司马囧望望这个，望望那个，突然发现有个官员不见了，就问怎么回事。

"报告，他上厕所去了。"官员回答。

"去了这么久，还不回来，不会是掉厕所里去了吧？"司马囧有些担心，就叫人去厕所看看。

这一看不得了，那个官员果然掉进厕所了，满身的大便，熏得大家纷纷后退三尺，没一个人敢去拉。没办法，大家只好叫来官员家的仆人，让他赶紧把自家主人弄回去。

就这样，官员巧妙地躲过了一场祸患，虽然代价是沾了一身大便。至于这位官员的名字，本报记者经过多方打听，终于得到确认，他叫王戎！没错，就是竹林七贤中的"叛徒"王戎！

身份：晋惠帝

大：大嘴记者　司：司马衷

大：皇上好，听说您早上过来的时候，路过一个池塘？

司：是啊是啊，池塘里有呱呱呱的乱叫声，我以前从来没听过，不知这东西是官家的，还是私人的。

大：如果是在官家叫的，就是官家的；如果是在私人家里叫的呢，就是私家的。呀，开个玩笑。今天您看起来心情不错啊。

司：嘻嘻，因为刚才太监告诉我，今天晚上有烧鸡吃。

大：现在还是早上呢，您老就惦记着晚上了。皇上，我斗胆问一个问题，您觉得自己适合当皇帝吗？

司：嘻嘻，不知道。

大：呃，那您觉得您当了皇帝后，可以做一些什么呢？

司：嘻嘻，吃烧鸡。

大（抓狂）：当皇帝难道是为了吃烧鸡吗？！

司：嗯，还有烧鹅。

大（狂晕）：您就知道吃吃吃，您知道现在老百姓连饭都吃不上，到处都是饿死的人吗？

司（奇怪地）：没有饭吃，他们为什么不吃肉粥啊？

大（狂晕5分钟）：连饭都吃不上，哪来的肉啊？真不知晋武帝怎么看上你的？

司：哈！我听到啦！我父皇本来也没看上我，他看上的是我儿子司马遹，我儿子小时候又机灵又懂事，我父皇喜欢得不得了，想让他将来做皇帝，这才没有把我废掉呢。

大：您这样"憨厚"，却有个聪明儿子，是不是他母亲挺聪明的？

司：嘘，小声点儿，要是被皇后听到了，她不是太子的母亲，会骂你的。

大（小声地）：她经常骂你吗？

司：……我不告诉你。

大（看来也不是那么傻嘛）：那她经常骂宫里其他的人吗？

司：骂，不但骂人，还杀人呢……我父皇还没死的时候，有一次特别想废掉她，不过最后没废成。

大：啊，为什么？

司：因为她父亲是我们大晋的大功臣贾充啊。当年我爷爷本来不想传位给我父皇，是贾充极力主张，他才立我父皇做了太子。所以我父皇为了感激他，就跟他结为亲家了。

大：这样啊，那你喜欢这个皇后吗？

司：不知道。不过，我有点儿怕她。

大：怕她？后宫不是美女如云吗？美女有什么好怕的。对了，皇后长什么样？您还没说呢。

司（哭丧着脸）：听宫女们说，皇后长得又丑，又矮，又黑，像个黑冬瓜……这可不是我说的啊，是宫女说的。

大：皇上，您真可怜。好了，今天我们的采访就到这里。皇上您还是赶紧回去吧，不然皇后会骂您的。

贱卖祖屋

　　前几年，赵王司马伦打进洛阳，当上了皇帝后，大大封赏了身边的亲信党羽，就连我们这些不起眼的小官也跟着沾了光。不过因为国库没那么多钱，所以赵王就暂时给我们每人打了张白条，说以后凭这张白条再找他领赏。

　　当时，我以为白条能兑现，一时高兴，就把全部家当拿到赌场大赌了一把，反正也不怕输，还有皇上的白条嘛。谁知现在，家产输光了，赵王也下台了，官也丢了。我已经穷得连饭都吃不起，只能贱卖祖屋，有意者请赶快与我联系吧。

窦某

青瓷大甩卖

　　这年头兵荒马乱的，做生意难，做青瓷生意更难。本店有大量的青瓷制品，包括有瓷钵、瓷盂、瓷壶、瓷罐、瓷盘、瓷碗、瓷灯等，各种青瓷制品是应有尽有，质量上乘，而且一律打三折。

　　如果不是连年战争，绝不会有这么优惠的价格，大家赶紧来买吧，迟了就没有啦！

龙泉青瓷店

第⑨期

〖公元 304 年—公元 439 年〗

五胡乱华

随着西晋的衰落与南迁，北方的少数民族纷纷涌入中原，这些少数民族主要有：匈奴、鲜卑、羯（jié）、氐（dī）、羌，被人们称为"五胡"。他们前前后后，一共建立了 16 个国家，即汉、成汉、前凉、后赵、前燕、前秦、后秦、后燕、西秦、后凉、南凉、南燕、西凉、夏、北燕、北凉。从公元 304 年刘渊建立汉国起，到公元 439 年北魏灭掉北凉结束，这段时期被人们称为"五胡十六国"。

穿越必读 ◀

西晋最后一个皇帝，被匈奴人杀害

——来自长安的加密快报

公元311年，这是一个让西晋人刻骨铭心的年份。这一年，野心勃勃的汉国皇帝刘聪（匈奴人）攻下了洛阳城，俘虏了晋怀帝，并且在对他进行了百般羞辱之后杀掉了他。西晋的忠臣们于是跑到长安，又立了司马邺为帝，史称晋愍（mǐn）帝。

谁知，匈奴人一路穷追不舍，把长安团团包围。3个多月后，长安城弹尽粮绝，一斗米竟值二两黄金，人们死的死，逃的逃，甚至出现了人吃人的场面。

来自长安的加密快报！

没办法，愍帝只好按照降国之礼，脱了衣服，裸露左臂，口衔玉璧，乘坐羊车，拉着棺木，出城投降。文武百官围着羊车号哭，有的爬上车拉住他手臂，不让他出城。

愍帝悲伤不已，但又无可奈何。投降时，百姓和大臣无不痛哭。

被俘后，刘聪又像对待晋怀帝那样，羞辱愍帝，不但让他斟酒、洗酒杯，甚至连上厕所的时候，也让愍帝为他撑伞盖。

尽管这样，他们还是对年仅18岁的愍帝看不顺眼，也许是害怕西晋死灰复燃（因为还有人打着愍帝的旗号讨伐匈奴），5年后还是把他杀掉了。

维持了52年的西晋政权，就这样正式结束。

匈奴人为什么能占领中原

匈奴人为什么能占领中原呢？其实，这得从匈奴首领刘聪的父亲刘渊说起。

刘渊不但武艺高强，而且熟读四书五经。刘渊本来在晋朝政府做官，但因为文武双全，晋朝官员怕他势力增强后会造反，所以一直没让他当大官。这让刘渊觉得很沮丧。

等到西晋的诸侯王为争夺皇位，打得你死我活的时候，居住在山西一带的匈奴人，就悄悄开始行动了。匈奴贵族们聚集在一起，召开了一个会议。

有个老贵族发言说："汉人虽然给我们封了官，但却没给我们一丁点儿土地，未免太小气了。现在晋朝正在起内讧，我们不如趁这个机会，把汉人的土地抢过来。"

公元304年，匈奴首领刘渊正式反晋，建立汉国。周围的少数民族听到这个消息后，纷纷跑来投奔刘渊。

刘渊为什么要把国号定为"汉"呢？原来，西汉时期，汉族和匈奴的贵族经常通婚。刘渊自认匈奴人算得上是西汉皇族的后代，所以将国号定为"汉"，便于拉拢汉人。

汉国势力渐渐扩大后，刘渊就出兵攻打西晋的都城洛阳。西晋虽然腐朽，但毕竟也还是有些家底的。所以刘渊攻了两次，都没攻下来，只好心不甘情不愿地回去了。

公元310年，刘渊死后，他的儿子刘聪继承了父亲的事业，继续领兵攻打洛阳，直到公元316年，攻下长安，杀掉晋愍帝，灭掉了西晋。

奴隶也能当皇帝

公元 318 年，刘聪（汉昭武帝）因病逝世，公元 319 年他的侄儿刘曜（yào）登上了皇位，迁都长安，将国号"汉"改为"赵"，史称前赵。

刘聪一死，有个叫石勒的大将就不服管了。公元 319 年，石勒自立为王，建立了后赵。

说起这个石勒，他的身世可说得上是个传奇。他原本是羯族人，老家在山西。后来，山西发生了饥荒，石勒与家人失散了，被卖到山东的一户人家当奴隶。

幸运的是，这户人家心肠好，看石勒可怜，就把他放了。不幸的是，石勒刚刚恢复自由，又被乱军抓走了。这伙士兵将石勒关进囚车，押着上路。半路上，不知从哪儿跑来一群鹿。士兵们乐坏了，把囚车一扔，全都跑去抓鹿。石勒趁这个机会，赶紧逃跑了。

那些年里，石勒吃尽了苦头，他组织了一群和他一样颠沛流离生活过的人，反抗晋朝。刘渊起兵后，石勒就带着自己的队伍，投奔了他。

在与晋朝的战争中，石勒立下了很多战功，打下了很多地盘。所以刘聪死后，石勒就干脆从汉国分离出来，建立了羯族人自己的国家。

羯族人文化水平普遍不高，石勒自己也没什么文化。不过，石勒对读书人却非常重视。他对部下下令，凡是捉到了读书人，谁都不准杀，一律送过来让他亲自处理。他还建立了很多学校，让孩子们从小学习文化知识。

石勒也封了一些汉族的读书人做官。有一次，一个汉族官员穿得像个叫花子一样，来拜见石勒。

石勒吓了一跳："你这是怎么了？"

官员随口回答说："刚刚遇到了羯贼，他们把我的衣服都抢走了。"话刚说完，官员忽然想起，眼前的皇帝不就是羯族人吗？他顿时吓得半死，赶紧向皇帝请罪。

石勒并没有怪罪他，反而和颜悦色地说："这些人真是太不应该了。这样吧，我替他们赔你。"说完，他真是"赔"了官员一些衣服和钱。

有一位这么开明的皇帝，看来，后赵想不兴盛都难啊。

你这是怎么了？

遇到羯贼了！

 ················· **为什么要逼我当皇帝**

编辑老师：

你们好！

我是石勒的儿子石弘，前不久刚登基。不过，我这皇帝当得战战兢兢，因为石虎时时刻刻威胁着我。

石虎是我父亲的养子。他曾经跟着我父亲到处打天下，立了不少战功，父亲就封他做了中山王。后来，父亲封我做大单于，掌管军权，石虎就不高兴了。

不少大臣看出石虎的野心，就劝我父亲除掉他，可父亲却坚决认为他是个忠心耿耿的人，还让他辅佐我治理天下。

父亲一死，石虎就把那些反对他的大臣全都抓了起来。我害怕了，想把皇位让给他算了。可他却不要，硬是逼我登了基。我实在不明白，他葫芦里到底卖的什么药。

石弘

皇上：

您好！

我们一致认为，石虎之所以不接受您的禅位，并不是他不想当皇帝，只是您父亲尸骨未寒，他现在要是登基，肯定会众叛亲离。所以，您千万不要抱着侥幸的心理，认为石虎会放过您。

至于现在您该怎么办，我们也不能替您拿主意，还是请您自己多多保重。

报社编辑

（后来，石弘让出了皇位，但依旧被石虎杀掉了。公元 337 年，石虎自称大赵天王；公元 349 年，石虎称帝。）

这个天王（石虎）真是残暴不仁，一点儿都不管百姓的死活。前段时间他为了打仗，让每五个百姓出一辆车，两头牛，五十斛（一斛为十斗）粮食，十份绢，不交的格杀勿论。好多百姓因为怕杀头，把自己的儿女都卖掉了。

钱庄孙老板

布庄钟老板

听说死得最惨的是长沙王，他落到了河间王的手下张方手里。这张方是个有名的杀人魔王，竟然把长沙王活活烧死了。

天王的残暴是出了名的，可他竟然信奉佛教，这可真是一件天大的怪事，我怎么也想不通。

盐商老六

156

皇宫差点儿成了拳击场

苻（fú）坚是氐族政权前秦的君主。前一段时间，前秦的两个官员在他面前吵了一架。当事人分别是汉族官员王猛和氐族官员樊世。据说当时，场面极其火爆，樊世仗着自己是氐族人，还抡起拳头要打王猛。

苻坚坐在龙椅上，火冒三丈：这像什么话！这里是皇宫，不是拳击场！一气之下就叫人把樊世拖出去砍了。

这是怎么回事呢？樊世为什么在皇帝面前这么失态呢？原来，樊世一直就看王猛不顺眼。因为王猛是汉族官员，却比氐族官员还要受重用，一年内就升了五次官，还当了宰相。

一次，樊世在路上遇到王猛，指着鼻子就骂："我们氐人辛辛苦苦耕田种地，你们汉人倒好，跑过来吃白饭！"

这王猛也不是那么好惹的，一句话给他顶了回去："你们不但要给我们种田，还要给我们做饭呢！"

樊世气得哇哇叫："我要是不把你脑袋割下来挂城墙上，我就不活了！"

没过几天，就发生了前面的那场吵架事件。樊世被杀后，在场的氐族官员一个个战战兢兢，再也不敢轻视汉族官员了。

不过，这王猛也确实对得起苻坚对他的信任，把前秦治理得井井有条。王猛死后，苻坚仅用了一年的时间，就消灭了北方的其他政权，统一了当时的北方。

和尚娶老婆，依然受敬重

前不久，有个和尚娶了老婆，娶的还是龟（qiū）兹（cí）公主。按理说，这个和尚破戒了，大家应该唾骂他才对，可很多人还是对他恭恭敬敬。这是怎么回事呢？

原来，这个和尚叫鸠（jiū）摩罗什，他不是一般的和尚，而是一位佛学大师。他的妈妈是龟兹王的妹妹。从小，鸠摩罗什就跟着妈妈到各国修行。等到他12岁回到龟兹国时，他的名声已经传遍西域，并传到了东方。

苻坚听说后，就想把鸠摩罗什请过来。刚好鄯（shàn）善王来前秦请求出兵攻打龟兹国，并说："皇上，西域有数不清的宝贝，打下来就全都归您了。"

苻坚于是派将军吕光去征讨龟兹，并再三交代："再多的珍宝也比不上一个圣哲贤人，你这次去龟兹，务必要把鸠摩罗什给我带回来。"

吕光把龟兹国打下来后一看，原来皇上念念不忘的圣哲贤人，是个年纪轻轻的小和尚。

吕光一时兴起，想戏弄他一番，就强迫他娶了龟兹国的公主，还强迫他骑猛牛恶马，看着鸠摩罗什摔下来的狼狈样，吕光哈哈大笑。

不过，无论吕光怎么捉弄，鸠摩罗什始终不愠不怒。吕光非常吃惊，渐渐意识到面前的和尚果然不是凡夫俗子，便想把他带回前秦。

走到凉州的时候，传来苻坚被姚苌（cháng）杀了的消息，于是吕光在凉州称了帝，国号凉（史称后凉）。

特约嘉宾：
苻坚

身份：前秦皇帝

大：大嘴记者　苻：苻坚

大：皇上您好，见到您非常荣幸。

苻：你也好啊，记者你是汉人吧。你们汉人不错啊，头脑聪明，人才多多。

大：嘿嘿，是的，我是汉人，多谢皇上夸奖。这次我来采访您，主要是想知道，您是怎么当上皇帝的。

苻：嗯，这个嘛，可以说是上天注定的，从我取名叫"苻坚"起，我就注定了以后要当皇帝。

大：哇，这么神奇。

苻：当然，在我出生之前，就有这样一个预言："草付臣又土王咸阳"。

大：啊，什么意思？

苻：哎，你这个记者怎么不如你同族人聪明呢，草付就是"苻"字，"臣又土"就是"坚"字（坚的繁体字）。这个预言是说，叫苻坚的人将来会在咸阳称王称帝。所以我出生后，我父母就给我取名叫苻坚。

大：呃，不太清楚。

苻：这都不知道，你这个记者，怎么这么不关注时事呢？

大（快被苻坚训哭了）：那个，前一阵子我生病了，所以没怎么关注外

面的新闻，这不，我病刚好就来采访您来了吗。

符： 算了，不跟你计较，告诉你，我爷爷是大秦国的奠基人，要是没有他，就没有现在的大秦。

大： 哦，我明白了，敢情是您爷爷把皇位传给了您父亲，您父亲再把皇位传给了您啊。

符： 错，我爷爷没有正式称帝。称帝的是我伯伯符健，后来他把皇位传给了他的儿子，也就是我的堂兄符生。

大： 那……好像没有您的份啊！

符： 唉，我堂兄是个暴君，他杀人如麻，视人命为草芥。每次接见大臣的时候，他都叫侍卫箭上弦，刀出鞘，看谁不顺眼，就叫侍卫杀掉谁。大臣劝谏他，他认为别人诽谤他，杀！大臣奉承他，他认为别人拍他马屁，杀！整个前秦被他搞得人人自危，日子都没办法过下去了。

大： 果然很残暴，嗯，这样的国君应该下台。

符： 没错，我也是这么想的。后来，他察觉到了我的想法，就想除掉我。那天晚上，他睡觉前跟一个侍女说，第二天就派人杀掉我。那侍女等他睡着后，就悄悄地给我报了信。

大： 所以您先下手为强，当天晚上就把他杀了，然后当上了皇帝。

符： 哎，算了不说了，好歹也是堂兄弟一场，想想心里还是挺难受的。

大： 嗯，好吧，那今天的采访就到这里了。谢谢您的参与，再见。

广 告 铺

迁移公告

为了促使氏族和汉族的大融合，皇上（符坚）有旨，令关中的15万户氏族居民，迁移到关东地区。被点到名的人家，请配合官府做好迁移准备。表现积极的，官府将会给予一定的奖励。

大秦各衙门

民族团结号召书

不管是汉族人，还是氏族人，大家都是一家人，为什么要吵来吵去呢？我希望从今天开始，氏族人不再欺负汉族人，汉族人也不要仇视氏族人，不要把氏族人当作外来侵略者。大家应该团结起来，让秦国变得更加强大。

大秦皇帝符坚

征美女骑兵

为弘扬我国军威，应我朝君主（石虎）的要求，现特向全国征集（实际上是强抢）美女若干名加入我军。要求年龄在13～20岁之间，貌美、年轻、肤白、身体健康。我军将从中精选出一批佼佼者，成立美女仪仗队，会骑马者优先录取。到时就有机会跟圣上巡游四方，扬名天下。

后赵各衙门

智者第❸关

① 西晋时期，斗富斗得最厉害的是哪两个人？

② 西晋是被哪个少数民族灭亡的？

③ 五石散有延年益寿的功效吗？

④ "五胡十六国"中的"五胡"是指哪五个少数民族？

⑤ 是谁导致洛阳纸贵？

⑥ 西晋的白痴皇帝是谁？

⑦ 三国英雄中，"小霸王"是谁的称号？

⑧ 愍怀太子指的是谁？他的结局是什么？

⑨ "八王之乱"一共持续了多少年？

⑩ 出现"八王之乱"的根本原因是什么？

⑪ 短命的西晋王朝一共维持了多少年？

⑫ 是谁灭掉了西晋？

⑬ 刘聪是哪个民族的人？

⑭ 五胡十六国中的奴隶皇帝是谁？

⑮ 非常受前秦皇帝苻坚重用的汉人官员是谁？

⑯ 五胡十六国之后，哪个国家统一了北方？

第⑩期

〖公元 317 年—公元 420 年〗

东晋特刊

西晋被匈奴人灭亡后，公元317年，晋朝皇族司马睿（ruì）在南方又建立了一个晋朝（史称东晋）。东晋的不少爱国志士想要收复中原，并发动了多次北伐战争。但东晋的皇族和很多士族却只想过歌舞升平的日子，而且宗室和大士族经常争权夺利，政治混乱，盗贼四起，老百姓的日子过得非常艰难。公元420年，东晋亡在了北伐大将刘裕手中。

穿越必读

司马睿重建晋朝，王导功劳最大

——来自建康的特别快报

公元 317 年，晋国的百姓还沉浸在去年亡国的悲痛中，一个振奋人心的消息从江南那边传来：琅琊（yá）王司马睿在建康建立了东晋，史称晋元帝！

百姓们在欢呼雀跃的同时，也产生了一个疑问：琅琊（今山东省青岛市黄岛区）王司马睿？以前没怎么听说过呀，他是怎么当上皇帝的？

司马睿和其他王相比，确实没什么名气。他被派去镇守江南时，就连当地的大士族、大地主也不把他放在眼里。

来自建康的加密快报！

司马睿正在郁闷时，他身边一个叫王导的官员给他出了个主意。王导有个堂哥叫王敦，是扬州刺史，在江南一带很有威望。王导就把王敦请来，让司马睿坐在华丽威严的轿子里，自己和王敦，还有一些北方来的官员一溜儿排成排，恭恭敬敬地跟在司马睿屁股后边。

队伍浩浩荡荡地走在大街上，那些大士族、大地主看到后吓了一跳：原来司马睿竟然这么有本事，能让这么多有名望的人追随他。于是，一个个赶紧跑过来拜见司马睿。司马睿的威望，顿时提高了不少。

西晋灭亡后，北方的一些大臣纷纷跑到南方来。王导趁机拉拢那些大臣，劝说他们拥护司马睿重建晋朝。就这样，司马睿在王导的帮助下，终于登上了皇帝的宝座。

王与马，共天下

晋元帝能当上皇帝，多亏王导帮忙，所以晋元帝对王导非常感激，登基那天，王导一出现，晋元帝就一把拉住他的衣袖，要和他一起接受百官的朝拜。

王导吓了一跳，自古以来，哪有臣子和皇帝平起平坐，一起接受朝拜的呢？

王导赶紧跪下，诚恳地说："皇上，太阳要是跟普通生物在一起了，生物怎么能得到太阳的照耀呢？"

这个马屁拍得非常到位，晋元帝听了龙颜大悦，也就不勉强了。不过，为了表示心中的感激之情，晋元帝给王导兄弟封了大官，还让王家其他子弟担任重要官职。

这下可坏事了，王家人掌管了朝廷大权，渐渐变得嚣张起来。尤其是王导的堂兄王敦，仗着自己掌握着军事大权，连晋元帝也不放在眼里。

民间甚至流传着这么一句话："王与马，共天下。"什么意思呢？意思是：如今这个天下，是王家兄弟与司马睿共有的。瞧，这"王"

还排在"司马"前面呢。

晋元帝不高兴了。他有些后悔当初对王导兄弟太姑息了，弄得现在自己倒排在了他俩后面，于是对王家人渐渐冷落起来，还任命了一些将领去防备王敦。

王敦对晋元帝的做法很不满，于是以诛杀奸臣为借口，领着军队打进建康，把一批反对他的大臣杀掉了。

公元 323 年，晋元帝死后，他的儿子司马绍（晋明帝）继位。王敦再次派兵攻打建康，可没多久，王敦就病死了，他的势力就此解散。王导由于一直对朝廷忠心不二，因此并没有受到太多牵连，依旧过着高官厚禄的日子。

祖逖闻鸡起舞，自古英雄出少年

在司马睿还是琅琊王的时候，一个叫祖逖（tì）的年轻人领着一批背井离乡的北方壮士，找到他说："大王，晋朝大乱，是因为皇室的人相互残杀，才使匈奴人有机可乘。如果大王下令，让我带领军队去收复失地，天下的豪杰一定会响应的！"

这个祖逖就是有名的"闻鸡起舞"故事中的主角。当年他有一个好朋友叫刘琨。白天，他们一起看书，一起习武；晚上，他们就一起睡觉。一天半夜，俩人睡得正香，突然，一阵鸡叫声传来，把祖逖惊醒了。

祖逖一脚将刘琨也踹醒了："天亮了，该起床舞剑啦！"

从那以后，只要鸡一叫，他们就立即起床舞剑。两人都算得上是有志气的好青年。

祖逖满以为司马睿会采纳这个建议。谁知司马睿并没有收复中原的打算，但他又不好意思拒绝，就给祖逖一点儿粮食和布匹，让他自己想办法招兵买马，去收复中原。

祖逖真的领着几百名壮士，朝北方出发了。横渡长江的时候，祖逖看着眼前的滔滔江水，拿起船桨拍打船舷，一边拍一边慷慨激昂地说："我祖逖发誓，如果不能将中原的匈奴赶走，我就像这江水一样有去无回！"

一路上，祖逖得到了很多人的支持，大伙儿都愿意跟着祖逖，一起打

回北方去。

　　这时候，祖逖的老朋友刘琨也在北方。听到祖逖北伐的消息后，他高兴地说："我现在每天枕着兵器睡觉，就是为了等到天亮消灭匈奴人。没想到，我这个老朋友反跑到我前面去了！"

　　经过一场场艰苦的斗争，祖逖陆陆续续收复了黄河以南的全部土地。这时候，晋元帝登基，一高兴，封祖逖为镇西将军。

　　祖逖满怀雄心壮志，还想收复黄河以北的土地，可是，晋元帝却怕他北伐成功后威望过高，势力过大，从而威胁到自己的地位，于是派人来牵制他。祖逖又是气愤，又是失望，最后抑郁而死。

陶侃，出身寒门的一代名臣

陶侃（kǎn）出生在一个贫困家庭。像他这样出身的人，在这个只有士族才能当大官的年代是很难做官的。可陶侃不仅做了官，还做了大官，这在官场上不能不算是一个奇迹。

陶侃原本是王敦的部下，在八王之乱中，屡立战功，王敦看他功勋卓著，就把他调到偏远的广州去了。来到广州后，陶侃不知从哪弄来一百块砖头，每天早上，他把这些砖头从屋子里搬出去，晚上又把它们从屋外搬回来。

陶侃这是干什么呢？是不是吃饱了撑得慌？当然不是，据他自己说，他这么做，是为了不让自己太闲散。这样，将来东晋收复中原的时候，他还能派上用场。

王敦垮台后，陶侃才升了官。但陶侃依然没有丝毫松懈，他常常对手下的人说："就连圣人大禹都珍惜光阴，我们这些普通人又怎么能贪图安逸，浪费时间呢？"

当时，陶侃手下有些官员喜欢赌博喝酒，常常赌到兴起，喝到兴起，就把公事丢在一边不管了。陶侃知道后气坏了，没收了他们的赌具和酒具，统统丢进江里，还将他们狠狠地打了一顿。从此以后，这些官员再也不敢喝酒赌博了。

一次，陶侃带着几个人出门巡查。路上，他看到一个人手里拿着一把谷穗，一边走一边把玩，就问："这些谷子还没成熟，你摘下来干什么？"

"不干什么，随便玩玩而已。"那人漫不经心地回答。

陶侃顿时大怒："你自己不耕种就算了，还毁坏别人种的庄稼。来人，给我捆起来打！"

这事传开后，大伙儿种庄稼种得更起劲了。在陶侃的治理下，当地百姓很快富裕起来，社会也安定下来，甚至出现了传说中"路不拾遗"的局面。

"鬼兵" 真的靠得住吗

编辑老师：

你们好！

我是会稽（kuài Jī）的一个小将领。我写信给你们，是想告诉你们一件非常荒唐的事。

前不久，反贼孙恩派兵占领了上虞。上虞跟会稽相隔不远，所以，孙恩接下来肯定要攻打会稽。

负责会稽防守的人是王凝之，他是王羲之的儿子，可比起他老爸来却差远了。眼看孙恩就要打进来了，他不派兵去守关口，却在房间里画符念咒，说要召鬼兵来抵挡孙恩。

天哪，难道"鬼兵"真的靠得住吗？请速速回信。

会稽的某位将领

某将领：

你好！

收到你的来信，所有编辑都大吃一惊：怎么会有这么糊涂的官员，竟然妄想靠鬼兵来打仗？

废话我们不多说了，你要赶紧率兵出战。不然，孙恩这一路打过来，根本就不会遇到障碍。王凝之糊涂，你们可千万不要跟他一起糊涂啊。

报社编辑

（可惜，会稽出兵时已经太晚了，孙恩的军队一鼓作气，占领了会稽。后来，起义军迅速扩大，并向建康逼近，不过最后还是被镇压了。）

淝水之战，吓退苻坚几十万大军

公元 383 年，前秦皇帝苻坚率领 87 万大军，前来攻打东晋。东晋朝廷一片慌乱，不过宰相谢安却非常冷静，他决定自己坐守都城建康，让弟弟谢石和侄儿谢玄带兵前去抵抗前秦军。

谢石和谢玄领着大军，来到淝水东岸，驻扎在八公山边，和寿阳的前秦军对峙。

前秦皇帝苻坚登上寿阳楼，观看淝水对岸的形式。只见对岸遍地是晋军的营帐，尤其是八公山上，隐隐约约到处都是晋军的身影（后来苻坚才知道，晋军根本就没那么多人。是他自己心慌意乱，把山上的一草一木都看成了晋兵，正所谓是"草木皆兵"）。

苻坚不敢掉以轻心，叫军队严守阵地。谢玄就给苻坚写了一封信："你们难道不想打仗了吗？敢不敢后退一步，等我们渡过淝水后，和你们决一死战！"

苻坚不想被晋军瞧不起，于是答应后撤。不过，他却暗地里吩咐前秦骑兵："晋军渡到河中央的时候，你们立马给我冲过去，将他们消灭。"可他没料到的是，士兵们早就厌倦了打仗，一听要撤退，马上撒腿就跑。

趁这个机会，谢玄带着 8000 名骑兵，飞快地渡过淝水。有人趁乱大叫："秦兵败了！秦兵败了！"前秦兵听了，一窝蜂地往回逃。

前秦大将苻融傻眼了，眼睁睁地看着军队乱成一锅粥。一伙乱军猛地冲过来，把他的战马冲倒了。苻融摔得晕头转向，想站起来时，晋军已经赶过来，一刀把他了结了。

符坚控制不住局面，只好骑上战马，跟着士兵一起扭头就跑。这时，不知从哪飞来一支箭，刚好射中了他的肩膀。符坚管不了那么多，一口气逃到淮北才敢停下来休息。

一路上，逃跑的前秦士兵听到风声和鹤鸣声，都以为是晋兵追过来了。被踩死、挤死的士兵，比被晋军杀死的还多（这就是成语"风声鹤唳"的来源）。

胜利的消息传到建康时，谢安正在家里和客人下棋。谢安看了看送来的捷报，不说话，继续下棋。

"战争结果怎么样？"客人心急火燎地问。

"嗯，孩子们把秦军打败了。"谢安淡淡地说。

客人不淡定了，立刻向谢安告辞，到处传播这个好消息去了。

送走客人后，谢安回房间时，终于按捺不住激动的心情，跟跟跄跄地走了几步，跨过门槛的时候，连木屐的齿都踢断了。

刘裕北伐，从小军官到大将领

刘裕原本只是东晋的一个小军官，没名气、没威望、没地位，是典型的"三无"人员。不过，刘裕是个很上进的人，为了提高自己的地位，他决定北伐立功。

公元409年，刘裕领着晋兵包围了南燕的都城广固。南燕皇帝慕容冲急坏了，赶紧向后秦求救。没多久，刘裕就收到后秦皇帝写来的信："燕国和秦国是好兄弟，你要是敢对燕国下手，可别怪秦国不客气！"

刘裕冷笑一声，对后秦的使者说："我原本打算灭了燕国后，休息三年再来灭秦国。现在你自己送上门来，那再好不过了！"

使者走后，刘裕的一个部下不解地问："如果秦国真的出兵，那我们该怎么办？"

刘裕笑着说："你放心，秦国如果真的出兵，就不会叫使者来送信了。他们不过是想吓吓我们罢了。"

而事实也像刘裕猜测的那样，当时，秦国正在跟另一个国家打仗，还吃了败仗，自己都顾不上了，哪还顾得上燕国？

刘裕顺利灭掉南燕后，没几年又把后秦灭掉了。

就这样，刘裕为东晋立下了汗马功劳，成了赫赫有名的大将。

王羲之买鹅

东晋的王家，除了王导、王敦还有点儿真本事外，其他王家子弟，多半是帮碌碌无为之辈。不过，王家也出了个有真才实学的人，他就是王敦的堂侄——大书法家王羲之。

看过王羲之墨宝的人都夸他的字是"翩若惊鸿，宛若游龙"。当然，王羲之不是什么天才，他字写得好，是从小勤学苦练的结果。据说他家后院有一个池子，专门用来给他洗毛笔的，时间长了，池子里的水全被染黑了。

前段时间，有个道士想让王羲之给他抄一卷《道德经》。可是，一般人想得到王羲之的几个字都困难，更别说让他抄一卷经书了。

这可怎么办呢？道士听说王羲之特别喜欢鹅，就特意买了一群品种优良的鹅，养在屋前的池塘里。

王羲之听说后，果然"上钩"，跑来恳求道士把鹅卖给他。

"不卖不卖，这些鹅是我的心爱之物，怎么能拿来卖钱？"

王羲之很沮丧。道士一边偷笑，一边装模作样地说："既然你这么喜欢，那我就忍痛割爱好了。只要你给我抄一卷《道德经》就行。"

王羲之一听乐坏了，生怕道士反悔，提笔就写了一卷《道德经》，乐呵呵地把这群鹅赶回家了。

彭泽县令陶渊明辞职

彭泽县令陶渊明辞职不干了！奇怪，那时候，人人都想当官。当了官才有权，有了权就有钱。可陶渊明为什么"身在福中不知福"，偏偏要辞官呢？难道，他是嫌官职太小了吗？

五斗米的生意，我不做了！

当然不是，据可靠消息，陶渊明辞官，不是嫌官小，而是嫌官场太黑暗了。

别看陶渊明官小，他的爷爷是出了名的大司马陶侃，他的父亲也做过太守。只是到了他这一代，由于父亲去世得早，家境衰败，只能和母亲、妹妹在外祖父家生活。

当地官府听说陶渊明才华横溢，推荐他去刘裕手下做了个参军。可是，陶渊明上任没几天，就提出要调职。原来，他很看不惯身边官员们的尔虞我诈，想换个清静点儿的地方。

于是，官府又派他去彭泽做县令。陶渊明一想：彭泽只是个小县城，应该没那么多官员的钩心斗角吧。于是，他高高兴兴地去上任了。

　　这天，上面派了一个督邮来视察陶渊明的工作。当时，陶渊明正在房间里读书，正读得入神，听说督邮来了，要自己赶快去迎接，觉得真扫兴。他心不甘情不愿地丢下书卷，朝门外走去。

　　前来通知他的小吏看他衣服也不换，穿着便服就走，赶紧提醒他："大人，您应该换上官服，恭恭敬敬地前去拜见。"

　　什么？还要换官服？还要拜见行礼？陶渊明平时就看不惯那些作威作福的督邮，现在居然要他向那种人行礼！他实在受不了这种屈辱，解下身上的印绶，往小吏手里一塞，说："为了五斗米的工资，就向那种人低声下气、打躬作揖？这官我不当了！"说完，就把督邮晾在一旁，自己收拾收拾东西走人了。

　　陶渊明辞官了，那他下一步怎么办呢？据他自己表示，他打算回老家过隐居生活，再也不出来做官了。

听说陶渊明隐居后写了不少田园诗，每一首都足以引起诗坛的轰动。其中有一句：采菊东篱下，悠然见南山。虽然我这个粗人不是很懂，但是，我觉得这两句的意境真的很不错。

彭泽某百姓

诗人小甲

陶渊明又出新作品了，这次他写的不是诗，而是一篇文章，叫《桃花源记》。在这篇文章里，陶渊明描绘了一个令人向往的世外桃源。在桃源中，没有硝烟战争，也没有横征暴敛，大家自耕自种，过着无忧无虑的生活。真是个令人向往的世界啊。

唉，与桃花源比起来，现在的社会真是太黑暗了，老百姓过得简直就不是人过的日子。什么时候，桃花源中的景象才会真正地出现在现实生活中呢？

诗人小乙

顾恺之，一幅作品值一百万两

著名画家顾恺之年轻的时候，住在一个寺庙旁。庙里的和尚为了装修寺庙，塑造佛像，每天抱着募捐的箱子，挨家挨户地劝人捐钱。可和尚们腿都快跑断了，钱却没募到几个。

顾恺之没什么钱，但他大笔一挥，在册子上写下了"百万"的数字，和尚们顿时瞠目结舌，以为顾恺之在耍他们呢，顾恺之却说："男子汉大丈夫，说到就要做到！"

顾恺之拿起画笔，跟着和尚来到寺庙。一个月过去后，寺庙的墙壁上多了一幅维摩诘居士的画像，这幅画像画得惟妙惟肖，简直就像维摩诘本

人站在墙壁前一样。据说那门一开，整个寺庙都光芒四射。于是，大家纷纷赶来欣赏膜拜，并心甘情愿地向寺院捐献银两。

没过多长时间，寺院果真募到了一百万两白银。

凡是见过顾恺之的代表作《洛神赋图卷》《烈女画卷》的人，都会被他的画作深深倾倒。人们都说："顾恺之的画技，简直就到了出神入化的地步。"

肚里空洞无物

王导是个爱交朋友的人，虽然官场上尔虞我诈，但王导凭着自己的亲和力，也交到了不少朋友。其中有一个好朋友叫周颛（yǐ），字伯仁。

周颛是个很有名望的大臣，他说话幽默风趣，为人宽宏大量，跟王导意气相投。俩人下朝后经常约在一起喝酒、聊天。

一年夏天，王导闲着没事做，又跑到周颛家里来喝酒。俩人喝了几杯后，觉得房间里有点儿热，就叫下人在一棵大柳树下铺了张席子。俩人坐在席子上，继续喝酒、聊天，阵阵轻风拂来，顿时凉爽了不少。

他们聊着聊着，聊到兴头上，俩人都有点儿忘乎所以了。最后，王导干脆躺下来，把头枕在周颛的腿上，刚好看到周颛软乎乎的大肚子。

王导觉得有趣，就指着他的大肚子问："伯仁，你的肚子这么大，里面装的都是些什么东西呀？"

周颛回答说："这里面空空洞洞，什么也没有。不过像你这样的人，倒是可以装上几百个。"

王导听了哈哈大笑。这事儿传开后，渐渐就出现了一个新成语——空洞无物。

身份：东晋开国元勋

大：**大嘴记者**　王：**王导**

大：王大人您好。久仰您的大名，今天见到您本人，我真的太激动了。

王：记者好，不要激动，把我当作你朋友就好了（顺便拍拍记者的肩膀）。

大（**有些感动**）：人们都说，您是个宽厚仁慈的人，和文武百官都相处
　　得非常和睦。今天一看，果然不假，您身为朝廷重臣，在我这个草
　　民面前，竟然一点儿架子也没有。

王：呵呵，没什么架子好摆的，朝廷命官也是人嘛。

大（**再次被感动**）：这年头，像您这样仁慈的官，真是不多见啊。大晋
　　重建后，您为社会安定也作出了不少贡献。听说先帝（晋元帝）在
　　位时，您还给他提了四条建议，那是些什么建议呢？

王：第一，接见读书人态度要谦虚；第二，皇宫里的日常开销要节俭；
　　第三，要实行清静的政策，休养生息；第四，要安抚南北的百姓。

大（**第三次被感动**）：果然都是利国利民的好建议啊。王大人，我决定
　　从今天起，把您当作我的偶像了。

王：别，其实，唉，我也做过亏心事，不值得你崇拜。

大：啊？

王：我堂兄第一次起兵攻打建康的时候，有人劝先帝将我家满门抄斩，我吓坏了，赶紧跑到皇宫，跪在宫门口请罪。这时，我的同事兼好朋友周颛刚好有事进宫，我就向他求救，说："伯仁，我们全家几百口的性命就全靠你了。"可他理都不理我，径直进宫了。

大：啊？

王：过了一会儿，周颛出来了，我又喊他的名字。可他依旧不理我，还故意跟身旁的人说："除掉这些乱臣贼子，就可以换个大官做做了。"

大：啊？

王：唉，我对这事儿一直怀恨在心。后来，我兄弟打进建康，向我请示怎么处理周颛。我兄弟问："周颛这人能力不错，让他位列三公吧？"我不说话；我兄弟又问："要不，让他做个仆射？"我还是不吭声；最后，我兄弟说："那我只好杀掉他了。"于是，我兄弟就把他杀了。

大：这种卖友求荣的人，杀就杀了呗，您不必觉得愧疚。

王：如果真是这样就好了。可是后来，我在奏折中发现了周颛替我求情的折子。原来，他一直都在暗中帮我。唉，我不杀伯仁，伯仁却因我而死。我怎么对得起死去的朋友（一语未了，老泪纵横）。

大：这个，您……不要太难过了……弄得我也想哭了……好吧，今天的采访就到这里了，再见。

广 告 铺

欢迎购买木屐

什么鞋子便于登山？什么鞋子可以穿着在泥水里走路？什么鞋子可以穿上十几年，甚至20年而不坏？没错，它就是木屐！本店现有大量木屐出售，款式多样，防水耐磨，质优价廉。欢迎新老顾客前来购买！

咯吱咯吱木屐店

出售王献之书法作品

大家应该知道，大书法家王羲之有七个儿子，其中的五个儿子继承了父亲的衣钵，擅长书法。王献之是这里面造诣最深的一个。本店现代售20幅王献之的书法作品，欢迎广大书法爱好者前来购买，卖完为止。

虬龙书画店

《搜神记》即将面世

我们著名史学家干宝的新作《搜神记》将于今年年底之前面世。《搜神记》是一部记录民间神怪故事的小说集，全书共二十卷，四百多个短篇故事，其中包含《干将莫邪》《董永》等民间经典。故事精彩绝伦，不容错过，欢迎广大书友届时前来购买。

传奇书肆

第⑪期

【公元 420 年—公元 589 年】

南朝特刊

公元 420 年，东晋灭亡后，宋、齐、梁、陈四个汉族政权先后在南方出现。这几个朝代存在的时间都不长，加起来不过一百多年。这是我国历史上更迭比较快的一段时期。人们将这四个朝代统一称为"南朝"。

穿越必读

刘裕建立刘宋，东晋宣告灭亡

——来自建康的加密快报

来自建康的
加密快报！

　　公元420年，东晋最后一个皇帝晋恭帝主动退位，将皇位让给了大臣刘裕。刘裕（史称宋武帝）继位后，马上建立了宋朝（史称刘宋），东晋就这样结束了。

　　消息一传来，人们马上就感觉到，这件事绝不是皇帝主动退位这么简单。如果皇位坐得稳，傻子才愿意主动退位。

　　所以，晋恭帝退位的理由只有一个，那就是，刘裕自从北伐凯旋后，就掌握了晋朝的大权，恭帝这个皇帝已经做不下去了！

　　可是，很多大臣都记得，刘裕凯旋后，还在宴会上说："我年纪大了，也该回家养老啦！"谁知现在，刘裕不仅没有回去养老，反而当上了皇帝。这样巨大的反差，不能不让人们瞠目结舌。

　　原来，一切不过是演戏罢了！

　　罢了罢了，东晋灭亡的事实已经摆在眼前。如今，南方已经是刘家的天下啦！

爱做"买卖"的皇帝

刘裕死后，刘裕的大儿子刘义符成了刘宋王朝的皇帝。不过这个皇帝，可比不上他老爸的一个脚趾头。

在刘义符还是太子的时候，整天就知道和宫女、侍卫们玩游戏。别的游戏玩腻了，玩不出什么花样了，他就想了一个新游戏。他在皇宫里建了一个市场，从萝卜、白菜到珠玉宝石，各种货物应有尽有。刘义符就站在货物前面当"老板"，招呼宫女和侍卫过来买东西，和他们讨价还价。

当上皇帝后，刘义符依然乐此不疲，国家大事他一概不管，天天在宫里做"买卖"。

那些和刘裕一起出生入死打天下的大臣们可气坏了：这么个不争气的东西，我们还侍奉他干什么！于是决定废掉刘义符，另立他的弟弟刘义隆为皇帝。

就在刘义符被废掉前两天，他还在市场里和宫女讨价还价。一个宫女被他叫来买玉佩，刘义符出了几次价，宫女只是摇头，一声不吭。刘义符火了，抬手就给了宫女几巴掌。

两天后，刘义符还没明白怎么回事，就被人拉下了皇帝的宝座，押送到了原来居住的地方。他的弟弟刘义隆顺利地登了基（史称宋文帝）。

檀道济"大米"多多，巧妙退敌

北魏统一北方后，又发动大批人马渡过黄河，进攻刘宋。公元430年，宋文帝派大将檀（tán）道济前去抵抗敌军。

檀道济领着宋军，一连和魏军打了三十多场仗，把魏军打得落花流水，掉头就跑。宋军拔腿就追，一直追到山东历城。

檀道济看到魏军狼狈不堪的样子，心里挺得意，就放松了戒备。魏军趁机派了两支轻骑兵偷袭，一把火把宋军的粮草给烧了。这下好了，宋军没粮食吃，还打什么仗，大家收拾收拾，准备撤退。

这时，宋军中出了个叛徒，偷偷跑到魏军大营，跟魏军将领说："宋军的粮草要断啦，你们赶紧派兵去攻打他们，可别让他们跑啦。"

魏军将领听了大喜，立刻派兵追上宋军，将他们团团围住。宋军将士全都慌了手脚，只有檀道济不慌不忙，说："这几天大家辛苦了，今晚就在这里休息吧。"

晚上，檀道济

将大营里的灯火全都点上，自己大摇大摆地带着一批士兵去清点粮食。只见营寨里堆满了一个个鼓囊囊的米袋，打开一看，里面全都是白花花的大米。士兵们乐了："原来，咱们将军还留了一手呢"。

魏军的探子听到这个消息后，赶紧回去报告。魏军将领一听"恍然大悟"："原来，那个'投降'士兵是宋军派来引我上当的呀，幸好及时发现了他们的阴谋。来呀，把那个宋兵给我砍了！"

天亮后，檀道济领着宋军大摇大摆地朝南撤退。魏军之前被宋军打怕了，不敢追击，眼睁睁地看着宋军回去了。

后来魏军才知道自己被檀道济骗了。其实，宋军的粮草的确是不够了，那些米袋里装的不是大米，而是沙子，只是表面覆盖了一层薄薄的大米。

嘿嘿，这招真管用！

我们还有好多米哦！

190

·············· # 皇帝无德，我该取而代之吗

编辑老师：

你们好！

我叫萧道成，是宋朝的三朝老臣，平叛过多次叛乱，立下了赫赫战功。我一直对宋朝忠心耿耿，可是每一任皇帝都令我很失望。

明帝临死前，怕我威胁太子的地位，差点儿把我杀了；先皇（宋后废帝）虽然年纪小，却生性残忍，一天不杀人，他心里就不不高兴。有一次，他竟然想把我的肚脐当作箭靶来射；当今皇上（宋顺帝），年纪小不懂事，任凭那些看不惯我的大臣谋害我，幸亏我派兵讨伐，这才捡回一条命。

最近，有大臣对我说，刘家人没有德行，要我取而代之。我很苦恼，想问问编辑们的意见。

萧道成

萧大人：

您好！

您恐怕并不是因为刘家人无德，才想取而代之的吧。换句话说，皇帝谁不想当呢？如今，朝中的对手已经被你铲除干净，皇帝又年幼，您大权在握，还不是想怎么样就怎么样。

所以，您也别在我们面前遮掩自己的野心了，我们只是些小编辑，不对您构成威胁。

报社编辑

（公元 479 年，萧道成逼 13 岁的宋顺帝退位，建立了齐朝（史称南齐）。）

侯景之乱，梁武帝活活被饿死

侯景原本是北朝东魏的大将，因为权力纷争，背叛了东魏，投靠了梁武帝。

梁武帝叫萧衍（yǎn），是梁朝（史称南梁）的开国皇帝。他看侯景也是个将才，就封他做了大将军。

谁知，东魏的皇帝知道后，非常恼火，派兵跟梁朝打了一仗，把梁武帝的侄儿萧渊明俘虏了。

梁武帝正懊恼，东魏又派人来讲和，说愿意把萧渊明放回来。梁武帝答应了这个要求。

侯景知道后，到梁武帝面前说："我从魏国来投奔您，就是想帮您打败魏国。您要是跟魏国讲和了，我怎么办呢？"

梁武帝没怎么搭理他。侯景急了，就冒充东魏的人，写了一封信给武帝，信中说，只要梁武帝把侯景交出来，东魏立马释放萧渊明。

梁武帝收到信，立刻表示同意。侯景气得要命，立刻发动叛变，把梁武帝抓到台城里。可怜的梁武帝，在台城里没吃没喝，竟然活活地被饿死了。

公元552年，大将陈霸先等人平定了"侯景之乱"。北齐趁机派兵把萧渊明送了回来，企图安插一个傀儡皇帝。

经过几次争斗，陈霸先废掉了萧渊明，建立了陈朝（史称南陈）。之后，陈朝的几代君主励精图治，终于让南方的经济、文化慢慢恢复起来。

荒淫皇帝陈叔宝

南陈到了陈叔宝继位后,国力越来越衰落。陈叔宝是出了名的大昏君。他有一个贵妃叫张丽华,不仅色艺俱佳,而且能言善辩,记忆力惊人。陈叔宝对她宠爱得不得了,就连处理国家大事时,也要将文件放在张丽华的膝盖上,和她一起商量。

因为热衷吟诗作曲,他还特别重用文臣,常常和他们在宫里通宵达旦地举办宴会,饮酒作诗,夜夜笙歌。带兵的将领稍微对他提点意见,他就把人家的兵权夺了。

而与此同时,隋朝已经统一了北方,并灭掉了南方的一些国家,只等灭掉南陈,就能一统天下了。

面对日益强大的敌人,陈叔宝却依然整天和宠妃们吟诗作乐,一点儿也不着急。

公元589年,隋军打进后陈皇宫的时候,陈叔宝这才急了,拉起两个宠妃,跳到一口枯井里,藏了起来。

隋军在皇宫里找了半天,没找到陈后主,正纳闷着,发现枯井里好像有人,就吓唬说:"再不出来,我们就用石头砸了。"

陈后主吓得大叫:"别砸,我是皇帝!"

隋军觉得好笑,找来一根绳子,将他和两个宠妃一起拉了出来。南朝最后一个朝代陈朝宣告灭亡。

祖冲之与圆周率

大数学家祖冲之经过反复计算,终于将圆周率精确到了小数点后六位。他计算出的圆周率在 3.1415926 到 3.1415927 之间。这是我国第一次有人这样精确地计算出圆周率。

除了计算出精确的圆周率外,祖冲之还对数学著作《九章算术》作了详细的注释,并把自己的数学研究成果编成了一本书——《缀术》。有人预言,这本书将来会成为学子们的数学课本。

祖冲之不仅是我国著名的数学家,还是著名的天文学家和发明家。通

过长期的天文观察,他制定了一部非常先进的历法——大明历。他发明了一种指南车,车上有个小铜人,不管车子怎么转,小铜人始终朝着南方。他还发明了一种"千里船",这种船一天就能航行一百多里……

最后,你可能不知道的是,他还精通音律、棋艺和文学呢,他甚至写过一本名叫《述异记》的小说。

祖冲之对我国科学文化的贡献,真是多得数都数不清。

坚定的无神论者范缜

南齐的读书人范缜（zhěn）写了一篇惊世骇俗的文章 ——《神灭论》！这篇文章一面世，就引起了巨大的轰动。因为在文章中，范缜明确地指出，这个世界根本就不存在神仙，人死后也不会变成鬼魂。所谓的因果报应，都是些骗人的鬼话！

范缜为什么要写这么一篇文章呢，事情还得从头说起。

南齐的宰相叫萧子良，非常信奉佛教。他认为，一个人无论是富贵还是贫穷，都是因果报应，是上辈子就注定好的。范缜不同意他的观点，就到处宣传，说萧子良这人胡说八道，大家千万不要相信他。

萧子良听后火冒三丈，叫人把范缜喊到家里问话："如果不是因果报应，那为什么有人天生富贵，有人天生贫穷呢？"

"这有什么好奇怪的。花瓣落下来的时候，有的落到厅堂中，有的落到茅坑里。这是一样的道理。"范缜一句话就将萧子良说得哑口无言。

回去后，范缜就写了这篇《神灭论》，在朝廷里搅起了巨大的风波。

萧子良自己说不过范缜，只好找来高僧帮忙。可这些人中，也没有一个说得过范缜。

有个姓王的人挖苦范缜："范先生，你不相信这个世界上有神灵，那你连自己祖宗的神灵在哪都不知道了。"

"哎呀，王先生，你要是知道你祖宗的神灵在哪，那你怎么不去找他们呢？"范缜一句话，又将姓王的噎得直瞪眼。

据说，最近萧子良担心范缜带来的影响太大，打算收买范缜，封他做个大官，顺便让他把那篇《神灭论》收回去。不过，范缜回应说，他根本就不想做官。而且他还表示，自己是个坚定的无神论者，这是谁都无法改变的。

张僧繇画龙点睛

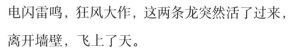

张僧繇（yáo）是梁朝著名的画家。他画技高超，作品惟妙惟肖，几乎能够以假乱真。据说有一次，他在一座寺院的墙壁上画了一株花，画好之后远远看去，墙壁凹凸不平，好像真的开出花来一样。

原来，张僧繇曾经学过天竺的凹凸画的画法，所以他画出来的作品凹凸有致，具有立体感，非常逼真。

据说，梁武帝特别信奉佛教，就叫张僧繇去各个寺院画龙。一天，张僧繇来到安乐寺，画了四条非常逼真的龙，但没有画上眼睛。

寺里的和尚不干了，拉住张僧繇不让走："你怎么不把眼睛画上呢？"

张僧繇严肃地说："不能画，画了就坏事了。"

和尚哪管那么多，非缠着他把眼睛画上不可。最后，张僧繇被缠得没办法，只好拿起画笔，给其中的两条龙画上了眼睛。谁知刚刚画好，一阵电闪雷鸣，狂风大作，这两条龙突然活了过来，离开墙壁，飞上了天。

大家惊叹不已，纷纷夸赞张僧繇果然是神来之笔。

史上最残忍的皇帝

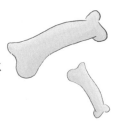

可以说，宋后废帝刘昱（yù）是历史上所有皇帝中，最荒唐、最残忍的一位。

他喜欢像猴子一样，爬在高高的竿子上，一待就是老半天。

他喜欢一顿狂奔，边跑边挥舞着武器，见鸡杀鸡，见狗杀狗，见人杀人。

他还喜欢带着一帮手下在集市上乱晃，看谁不顺眼，就把谁抓起来，用事先准备好的锯子、钳子、凿子等，把人家开膛破肚。

有一次，他听说有三位将军正准备谋反，于是，他立刻带着人，冲进那三个将军的家里，把人家一家老少全杀光了，连刚出生的婴儿都没有放过。

还有一次，他突然大叫："快点儿叫太医来！"

太医匆匆忙忙赶来后，刘昱又叫："给我一碗毒药，我要毒死太后！"

太医吓坏了，赶紧说："皇上，太后要是死了，您就要守孝，那您很久都不能出去啦！"刘昱这才作罢。

这天，他带着几个人去新安寺晃荡，寺里的狗又大又凶，见了刘昱，扑过来就咬，刘昱吓得差点儿没尿了裤子。幸好几个和尚赶过来，将狗牵走了。

回宫之后，刘昱越想越气。晚上，他和一群人溜进新安寺，用毒药将那条狗毒死了。之后，他喝得醉醺醺地回到宫里，又吵着嚷着要杀掉身边的太监。谁知，这个太监是萧道成的人，他趁刘昱睡着后，手起刀落，一刀就把刘昱砍死了。

身份：梁武帝

大：大嘴记者　萧：萧衍

大：皇上您好。今天，我们主要是想跟您谈谈佛教。听说，您是一名虔诚的佛教徒？

萧（一听要跟他谈佛教，顿时喜笑颜开）：没错。

大：如今，佛教在南方已经成为一种潮流。这股潮流的引领者就是皇上您吧。

萧：佛教是一门伟大的宗教，大家都来学习学习，这是好事情。

大：所有人都知道，您在建康造了一座非常宏伟的同泰寺，每天都要到寺里去烧烧香、拜拜佛。除了同泰寺，你还叫人在全国各地建了很多寺庙，翻译了很多佛经，是吗？

萧：是的。

大：请问您这么热衷佛教，那您亲眼见过得道高僧吗？

萧：嗯，以前有个叫达摩的高僧从天竺来到中国，普度众生，我听说后，就叫人把他接来探讨佛家教义。

大：讨论得怎么样？

萧：不怎么样，我问他，我为佛教做了这么多事，算不算功德无量。可那和尚竟然说我没有功德。

大：哎呀，这是怎么回事？

萧：他说，这些事情是我本来就应该做的，所以谈不上功德。我跟他道不同，不相为谋，就让他走了。

大：上次您闹着出家，把大臣们都吓坏了。听说后来，您又出了几次家？

萧：没错。不过后来这几次，他们就没那么容易劝我回去了。

大：为什么？

萧：你想想，既然我已经出家当了和尚，怎么能轻易还俗呢？这个道理我第一次没想通，才让他们说服了。

大：那您要怎样才肯还俗？

萧：没错，后来我一共出了三次家，大臣们一共花了四万万钱来赎我。

大：呃，那这些钱是从哪里来的？

萧：啊？那我就不知道了。

大：我猜，这些钱应该是从老百姓身上刮来的吧。

萧（不高兴了）：什么叫刮来的？

大：皇上，我要多一句嘴了，您崇尚佛教没有错，但凡事也要适可而止。既然您一心向佛，怎么不多为百姓们想想……

萧：行了行了，别说了，你这个记者还真是个大嘴巴，小心佛祖惩罚你哦。

大：……

广 告 铺

斗草活动公告

明天下午，东郊将举行一场斗草活动，活动规则如下：在规定的时间和范围内，谁采的草种类多，就算谁赢。欢迎各位公子小姐参加。

闲人元公子

铜钱换铁钱

自从皇上（梁武帝）下令停止铸造铜钱、大量铸造铁钱后（因为铜原料不足，但是铁的产量高），市场上的铜钱就越来越少啦。现在，一枚铜钱比一枚铁钱贵重得多。如果你想拿手中的铜钱兑换更多的铁钱，就来找我皮老板吧。我在这里保证：买卖绝对公平！价格绝对公道！

皮老板

贱卖布匹

这年头，布是越来越不值钱啦。记得宋朝初期时，质量一般的布匹，可以卖到一千钱，后来降到六百钱，到如今的齐朝，已经降到三百钱啦。可能是因为纺织业发展得好，布匹多，而钱币又铸得少，所以布匹越卖越贱，我们布商也是稳赔不赚。

现在，我手上有一大批上好的布，每匹只卖一百钱！吐血价！跳楼价！买到就是赚到，赶紧前来购买吧！

某布商

第12期

〖公元386年—公元581年〗

北朝特刊

穿越必读 ▶

公元439年，北魏太武帝拓跋焘（tāo）统一北方。当南方的宋、齐、梁、陈相继登场时，北方也先后出现了北魏、东魏、西魏、北齐、北周几个政权。人们将北方的这几个朝代统一称为"北朝"。南朝和北朝合在一起，统称"南北朝"。

崔浩被杀，都是《国记》惹的祸

——来自平城的加密快报

公元 450 年 7 月 5 日，大臣崔浩被太武帝诛杀。崔浩犯了什么滔天大罪，太武帝非要杀了他呢？说到底，是一本名为《国记》的史书惹的祸。

崔浩原是汉族官员，在北魏做了五十多年的官，深受几代皇帝的信任。太武帝统一北方后，让崔浩编写一本《国史》，如实记录北魏的历史。

崔浩是个正直的大臣，就老老实实地编写，还把北魏早期很多不光彩的事情也写进去了（这里就不再一一描述了）。

来自平城的加密快报！

写完后，手下有个人建议崔浩："不如，我们把《国记》刻在石碑上，让所有人都来看看。"崔浩觉得这个主意好，就真的把《国记》刻在了石碑上，立在大路两边。这下，那些不光彩的事全被老百姓看到了。一些鲜（xiān）卑（bēi）贵族看到后，气得脸色发青，跑到太武帝面前告崔浩的状，说这个汉人故意丑化鲜卑族人。

太武帝气坏了，一怒之下就判了崔浩死刑。可怜的崔浩，就这么稀里糊涂地做了冤死鬼。在他行刑之前，鲜卑贵族们还指使士兵往他头上撒尿，让他受尽了屈辱。

据说，前段时间太武帝已经后悔杀崔浩了。可是，现在后悔还有什么用呢？

孝文帝大改革，要向汉人学习

孝文帝拓跋宏5岁就做了皇帝。在祖母冯太后的影响下，他认为，北魏的一些政治制度、文化风俗都很落后，于是号召大家向汉人学习。

孝文帝改革的第一步，就是将都城从平城（在今山西大同市）迁到洛阳。因为平城这地方太偏远，不利于施行汉化政策。

孝文帝要迁都，可有的大臣却哼哼唧唧地不想走。孝文帝就想了一个好办法，他对大臣说："我要去攻打齐朝啦！"说着把文武百官全都带上，浩浩荡荡地朝南边出发了。

这一路上，大臣们可吃了不少苦。走到洛阳的时候，他们一个个都累得快趴下了。孝文帝故意说："继续前进！我们要去攻打齐朝！"

"皇上，别打了，就在这里落脚吧。"大臣们愁眉苦脸地说。

大臣们苦苦哀求了很久，孝文帝才"心不甘情不愿"地答应了，并理所当然地将洛阳定为都城。

接下来，孝文帝大显身手了。他下令，从此以后，大家不准再穿鲜卑族的衣服，统一穿汉服；不准说鲜卑族语，统一说汉语。他将鲜卑族的姓改成了简单的汉姓，自己带头改名叫"元宏"。他还禁止同姓的鲜卑族人通婚，鼓励鲜卑族人和汉族人通婚。他自己就娶了几个汉族老婆。

在孝文帝的大规模改革下，鲜卑族人的经济和文化都取得了很大进步，各民族之间也有了更多的交流。

儿子不成器，父皇真为难

编辑老师：

你们好！

我是一个无奈的父亲。我有好几个儿子，按照祖宗传下来的规矩，大儿子将继承我的家产。可是，这个儿子太顽劣，太不听话，太让我伤脑筋了。

他不跟着老师好好学习，却整天跟着一群不三不四的人胡混。老师向我暗示，让我换掉继承人算了。可是，我看看其他儿子，要么太小，要么比这个儿子更不如。唉，我这个父亲真是为难啊。

匿名

匿名者：

你好！

如果没有猜错，您应该是周武帝吧，您的儿子就是太子宇文赟（yūn）。我们都知道，您对太子管教非常严格。可是您的一片苦心，太子却一点儿也不领情，还在心里非常怨恨您。唉，你们父子之间的事情，我们外人不好多说什么，就看您自己能不能忍痛割爱了。

报社编辑 

《木兰辞》，为您讲述
一个女孩的传奇

最近，民间流传着一首名为《木兰辞》诗："唧唧复唧唧，木兰当户织……"这首诗讲的是什么内容呢？讲的是一个叫花木兰的女孩代父从军的故事。

国家要和敌人打仗了，皇帝征兵，通知花木兰的老父亲赶紧来报名。可是，老父亲年纪一大把了，背也驼了，头发也白了，怎么能去打仗呢？花木兰不忍心看父亲上战场，可家里又没有兄长，于是，花木兰跑到市场上，买了一匹骏马和一些武器，女扮男装，代替父亲上战场！

花木兰在战场上非常勇猛，立下了许多战功。战争结束后，皇帝要封她做大官，可是花木兰不想做官。她向皇帝要了一匹千里马，快马加鞭地回到了父母身边。

回家后，花木兰脱下铠甲，换上女儿家的裙子，还化了个美美的妆。那些跟她一起打过仗的兄弟一看，眼珠子都快瞪出来了：哎呀呀，我们跟花木兰出生入死十几年，竟然没一个人发现她是个女孩子啊！

因为受到花木兰故事的鼓舞，现在，很多女孩都从闺房里走出来，去练武场学武，全国甚至兴起了一股"女扮男装"的时尚潮流。她们说："花木兰是我们的偶像。以后国家再发生战争，我们也要像她一样，上阵杀敌、保家卫国。"

很多男孩也说："以后娶老婆，就要娶像花木兰这样，又孝顺又勇敢的女人。"

因为太贪心，北魏大臣闪腰折腿

北魏有两个大臣因为太贪心，结果一个闪了腰，一个折了腿，惹来全国人的笑话。事情的经过是这样的。

因为有太武帝和孝文帝的精心治理，北魏一天天变得强盛，积累的财富也多了起来。这天，胡太后（宣武帝生前的皇后）走进国库一看，发现里面堆积着像小山一样的绫罗绸缎。

胡太后想：这么多绫罗绸缎，可怎么用得完？万一发了霉，或是被老鼠咬坏了，那可就太糟蹋了。为了处理这些东西，胡太后想了个好主意。

她把那些贵族大臣统统叫来，说："国库里的绫罗，你们凭自己的力气，能拿多少就拿多少。"

贵族们一听，两眼放光，欢天喜地地朝"绫罗山"扑去。乖乖，这可是国库里的货，随便拿一匹也值不少钱啊。

可是，贵族们平时一个个养尊处优，吃饱喝足了啥也不干，结果长了一身肥膘，走路都一摇一晃的，怎么扛得动这些绫罗呢？但他们一个个又贪得无厌，恨不得把所有的绫罗都扛回去。于是，搞笑的一幕就出现了：

尚书令李崇、章武王元融各自扛着一大沓绫罗朝外走，累得哼哧哼哧直喘气。突然"咔嚓"一声，李崇闪了腰；接着又是"咔嚓"一声，元融折了腿。俩人摔倒在地上，疼得"唉哟唉哟"叫，可手里还紧紧抓着绫罗不放。

大家看到这幅场景后，个个笑得前俯后仰。胡太后觉得又好笑又好气，叫人把他们手里的绫罗夺回来，将他们轰出去了。

北魏大臣：只可惜石崇没有见到我

西晋的石崇、王恺斗富仿佛还是昨天的事情，北魏的大臣们也学他们的样子，开始斗起富来。

河间王元琛（chēn）为了显摆自己家里有钱，摆了一场豪华的宴席，邀请贵族、大臣们来他家参观。只见宴席上，那些的杯子、盘子、碗筷，不是水晶的，就是玛瑙的，或是象牙的，一个个精巧无双，极尽奢侈。

吃完饭后，元琛又带着大家参观自己的仓库。只见里面堆满了金银珠宝、绫罗绸缎，简直跟国库有得一拼。

从仓库出来后，大家边走边参观。路过马厩的时候，有个大臣往里一看，吓了一跳，元琛家的马槽都是用银子打造的！

见大家都被他家的豪华气势镇住了，元琛得意扬扬地说："我听人家说西晋的石崇富甲天下，我不恨自己没有见过他，只可惜石崇是没有见到我啊。"

据说有些大臣从元琛家里回来后，看看自己的家，再想想元琛的家，觉得很懊恼，好几天都不想上朝。

稳定军心的《敕勒歌》

敕勒川，阴山下。

天似穹庐，笼盖四野。

天苍苍，野茫茫，

风吹草低见牛羊。

这首《敕勒歌》在北朝非常流行。虽然歌词只有短短 27 个字，但它意境苍凉开阔，把鲜卑族、敕勒族的民族特性描绘得淋漓尽致。说起这首民歌的来源，还有一个有趣的故事呢。

公元 546 年，东魏大臣高欢带领 10 万大军进攻西魏，结果大败而归。在返回的路上，有人谣传，说高欢早就被西魏人一箭射死了，现在这支军队群龙无首，很快就会被追来的西魏军歼灭。

东魏的士兵信以为真，顿时乱成了一锅粥，队伍也没办法再继续前进了。为了稳定军心，高欢带病设宴，他的一个部下在宴会上作了这首歌，让全军将士一齐唱诵，结果军心大振。

东魏的将士们回国后，这首歌就在民间流传开来。

身份：北魏孝文帝

大：大嘴记者　元：元宏

大： 皇上您好，您不仅是个英明的皇帝，更是一个走在时代前端的改革家，大嘴对您十分佩服。

元： 呵呵，记者客气了。

大： 关于您改革的详情，天下人已经都知道了。所以这次我们采访您，是想了解一下您的过去。听说您很小的时候就当了皇帝。

元： 没错，我爸爸（魏献文帝）是个佛教徒，他讨厌政治，总想着超脱尘世，所以很早就把皇位让给我了。

大： 那时候您还不懂事吧？那朝廷里的事，是您母亲代理的吗？

元： 唉，提起这事我就伤心。我在被立为太子的同时，我妈妈就被杀掉了。那年我才3岁，连妈妈长什么样都记不住了。

大： 啊？这是怎么回事？

元： 我们拓跋家族一直实行这样的规定："立其子杀其母"，就是说，儿子被立为太子的时候，母亲就要被杀死，为的是防止太后干预政事。

大： 啊！！！这种规定是谁发明的！！！

元： 汉武帝。他将儿子刘弗陵立为太子的时候，就把太子的母亲钩弋夫人赐死了。他怕钩弋夫人像吕太后那样扰乱朝政。我们拓跋家族就是跟他学的。

大：……您父亲诵经念佛去了，您母亲又被杀了，那您是谁抚养长大的呢？

元：我是我奶奶冯太后抚养长大的，国家大事也是由她处理。

大：她对您好吗？

元：还好吧，不管怎样，我都是她的孙子。

大：听您这么说，她好像对您不是很好哎……她有没有虐待过您？

元：虐待，算不上吧。嗯，她可能对我有点儿顾忌，因为我比较早熟，她怕我长大后对她不利。有一次，她让人用棍棒打我，可我不知道自己犯了什么错。还有一次，天气很冷，她只让我穿一件单衣，然后把我关在一个房间里，三天不给饭吃……

大：啊，这还不叫虐待啊！

元：我是她的孙子嘛，奶奶责罚孙子是应该的。我们拓跋家族的家规是很严格的……

大：呵呵，您真是一个孝顺的好皇帝。我听说您从小就接受汉人的教育，对吗？

元：对，这在很大程度上促使我进行现在的改革，因为我很早就认识到汉人的文化很先进。

大：呵呵，是的，汉人的文化的确比较先进。好的，今天的采访就到这里了，皇上再见。

广 告 铺

修建少林寺的圣旨

　　天竺高僧跋陀不畏艰辛，一路跋山涉水来到我们中原传教，为了表示对高僧的欢迎与尊敬，我决定修建一座寺庙，名字就叫少林寺。

魏国皇帝元宏

求购金币

　　前几天我去走亲戚，在亲戚家发现一位夫人身上佩戴了一枚闪闪发光的金币。金币的一面刻着一个头带盔甲，身穿战袍，一手拿盾，一手拿枪的男人；另一面刻着手握十字架的女人。图案旁边还有一些我看不懂的文字。听说，这种金币来自国外，非常珍稀，我非常想要一枚。谁要是有这种金币，我愿意出高价购买。

崔小姐

斗鸡大赛公告

　　今天下午，城北的罗公子和城南的吕公子将在市中心举行一场斗鸡大赛。据说，罗公子的斗鸡是花了一千钱买回来的珍稀品种，而吕公子的斗鸡百战百胜，是城里有名的"鸡王"。两鸡相遇，谁与争锋？答案即将揭晓，欢迎大家前来观看比赛。

市中心斗鸡场

智者第④关

1. "闻鸡起舞"的东晋将领是哪两位?

2. "东山再起"指的是哪个人?

3. 是谁灭掉了东晋,建立了刘宋?

4. 南朝和北朝,哪一个是由汉人建立的,哪一个是由少数民族领袖建立的?

5. "不为五斗米折腰"说的是谁?

6. 哪位科学家第一次将圆周率精确到小数点后六位?

7. "草木皆兵"这个成语出自哪场战争?

8. 北魏是哪个民族建立的政权?

9. 北朝中,哪个皇帝在全国进行大改革,学习汉人先进的文化礼仪?

10. 元宏与拓跋宏是同一个人吗?

11. 北魏跟东魏、西魏有什么关系吗?

12. 南陈的最后一位皇帝叫什么名字?

13. 隋文帝原本是北朝中哪个朝代的人?

14. 哪个朝代的灭亡,标志着隋朝统一天下?

智者无敌 王者为大

智者为王答案

第❶关答案

1. 孙刘联军和曹操的军队。

2. 曹丕建立的魏国，刘备建立的汉国以及孙权建立的吴国。

3. 魏国。

4. 赤壁之战。

5. 火攻。

6. 诸葛亮。

7. 孙策。

8. 因为他是汉室后代，论辈分，还是汉献帝的叔叔辈。

9. 诸葛亮。

10. 曹操。

11. 曹植。

12. 是诸葛亮离开成都时，写给刘禅的。

13. 孙权。

14. 孟获。

第❷关答案

1. 司马昭谋反的意图，连过路的人都知道了。指司马昭在朝廷中嚣张跋扈到了极点。

2. 赵子龙（赵云）。

3. 张飞。

4. 关羽、张飞、马超、赵云、黄忠。

5. 张辽。

6. 吕蒙。

7. 指那个人懦弱无能，没办法使他成大器。

8. 蜀汉，被魏国灭亡。

9. 吴国，被晋朝灭亡。

10. 孙皓，他是个贪图享乐、残暴不仁的皇帝。

11. 邓艾。

12. 指沉醉于眼前的事物，不想再回去。

13. 公元280年。

智者为王答案

第❸关答案

1. 石崇和王恺。

2. 匈奴。

3. 没有，它是一种害人的毒品。

4. 匈奴、鲜卑、羯、氐、羌。

5. 左思。

6. 晋惠帝。

7. 孙策。

8. 是晋惠帝的太子，后来被贾皇后害死了

9. 16 年。

10. 当初晋武帝为了防止大权落入外人手中，一口气封了 27 个同姓王，结果导致内乱发生。

11. 52 年。

12. 汉国皇帝刘聪。

13. 匈奴人。

14. 后赵皇帝石勒。

15. 王猛。

16. 北魏。

第❹关答案

1. 祖逖和刘琨。

2. 东晋宰相谢安

3. 刘裕。

4. 南朝是汉人建立的，北朝是少数民族建立的。

5. 陶渊明。

6. 祖冲之。

7. 淝水之战。

8. 鲜卑族。

9. 魏孝文帝。

10. 是的，都是魏孝文帝。

11. 北魏后来分裂成了东魏和西魏。

12. 南陈后主陈叔宝。

13. 北周。

14. 南陈。

给力的答案!